Basado en una historia real.

A Lilita

A Usted que siempre fue un rayo de luz en medio de la oscuridad. Por ello quiero agradecerle. Por predicar con el ejemplo. Por ser tan valiente en una época que el patriarcado tenía aún más poder que el actual. Por no rendirte ante una sociedad tan clasista. Por enseñarnos el significado del amor incondicional, y como éste es el mejor camino para hacernos crecer como personas y la única vía hacia el perdón. Gracias por ser una ejemplar abuela, madre, mujer, persona... Por no abandonarnos cuando más perdidos estábamos. Gracias por ser nuestro ángel de luz y nuestra guía.

Agradecimientos

A todas aquellas personas que decidan leer esta historia desde el corazón.

A María Elena M.P. por todo y por nada. Por ser tan incondicional.

Índice

Esta es la historia de una familia que vivía en la capital de la República Dominicana: Santo Domingo. Pasó entre el 1987 y 1999, aunque me atrevería a jurar que *el asunto* comenzó muchos años antes.

Estaba compuesta por cinco miembros:
Seth, padre, sustentor y cabeza de la familia.
Gea, madre, esposa y ama de casa.
Ares, hijo mayor y el único varón.
Perséfone, la segunda hija de tres hermanos.
Y Roma: la benjamina de los niños.

Esta es la historia de una familia como cualquier otra. De esas que parecen ser una cosa, pero resultan ser todo lo contrario.
Un padre, una madre, tres hijos, una *casa* construida por ellos mismos: *El hogar perfecto.*

Pero aquí cuento la verdad. Lo que vivían después de pasar el umbral de la puerta de *casa.*
Explica los malos tratos que Gea vivía al lado de Seth y de cómo, gracias a las palabras de su hijo Ares que apenas contaba con seis años de edad, decide abandonarlo.

Cuenta cómo pequeña Roma pasa de ser la consentida niña de papá a su víctima más sufrida.

Narra el miedo, la inseguridad y el temor que puede llegar a sufrir una familia que cara a la sociedad, parece estar bien.

Habla de los padres y del gran error que cometen al transmitir sus miedos e inseguridades a sus hijos, en vez de resolverlos.

Una mujer maltratada y una niña torturada nos abren su corazón para contarnos los peores años de sus vidas.

PARTE I
La decisión

"Que tus decisiones reflejen tus esperanzas, no tus miedos."

\-   **Nelson Mandela**

Capítulo 1
La mirada de Ares

- ¡Se lo voy a decir a tu mamá! – me pareció escuchar a lo lejos gritar a un niño.

Tengo que terminar de lavar, ya son las 12 del mediodía y todavía tengo que plancharle las camisas a Seth. Espero que no venga de mal humor hoy...

- Perséfone, ¿puedes hacer el favor de recoger los juguetes que ya es hora de comer? – Le dije a mi preciosa niña de pelo azabache y ojos enormes tan oscuros como la noche.
- ¡Pero mamá! ¡Si ha sido Roma que los ha tirado todos!
- Lo sé, pero eres su hermana mayor y tienes que darle ejemplo.
- Ares es mi hermano mayor y no recoge los juguetes.
- Ares es un varón, tú no.

Ver a mi hija de casi cuatro años recoger los juguetes mientras vigilaba los víveres desde la cocina con Roma en brazos me llenó de angustia.

No quiero que mis hijas pasen por lo que estoy viviendo. Pero, ¿qué digo? Seré tonta... Seth no es un mal hombre y yo tengo fe en Dios de que cambiará.

- ¡Sí se lo voy a decir a tu mamá!
- ¡No! ¡Como se lo digas a mami te voy a dar!

Sí, ahí viene mi hijo. A punto de cumplir los siete años y este muchachito solo hace buscar pleitos con todos los niños que se junta. ¿Qué habrá hecho ahora?

Escuché al amiguito de Ares bajar los trece escalones que daban a la galería de *casa*. Escalones que hace poco más de 2 años había ayudado a colocar el cemento con mis propias manos porque Seth no quería gastar dinero de más en contratar obreros.

Lo recuerdo decir: *"Es nuestra casa y la haremos peldaño a peldaño."*

Claro que es un hombre bueno. Uno malo jamás les construiría un hogar a sus hijos. ¿No?

El flaco, negrito y extrovertido compañero de Ares llegó casi con la lengua afuera de lo que había corrido. Segundos más tarde llegó él. Estaba sucio de haber jugado por la calle... Tendré que echarle un agua antes de que llegue su padre, si lo ve así seguro enfadará. Segurísimo.

El niño todavía tiene la chancleta marcada en la cara de la otra noche.

Sí, definitivamente, tengo que echarle un agua.

- ¡Gea!
- ¿Qué fue niños? ¿Ustedes no saben que en *la casa* no se corre?

- ¡Pero Gea! Es que su hijo…

- ¡Dale! ¿Qué hizo este carajito ahora? ¿Te dio un mal golpe?

- No.

- ¿Y entonces?

- Es que su hijo dijo que cuando fuera grande… Que cuando él fuera grande y fuerte iba a matar a su papá.

- ¿Qué?

Un escalofrío recorrió mi cuerpo entero; comencé a sudar en frío.

- ¿Qué dijiste? – repetí en estado de shock.

Observé fijamente a Ares. A mi niño. Mi pequeño e indefenso niño. Tenía mi personalidad ¡Sé que no mataría ni una mosca! Pero esa expresión no era mía. Tenía el ceño fruncido y no pude evitar reconocer esa mirada: la misma de su padre. Sus grandes y expresivos ojos marrones estaban llenos de ira, de determinación, de frustración, de maldad… Maldad impropia de él. Entonces abrió sus finos labios y afirmó con toda seguridad:

- Sí mami. Cuando sea grande mataré a mi padre.

En ese preciso instante comprendí que tenía que tomar una decisión.

Era el último domingo del mes de mayo del año 1993: día de las madres en la República Dominicana.

Hacía unos 15 minutos que Seth había salido a echarle gasolina al carro. Así que aproveché para coger el teléfono y marcar el único número que sabía de memoria: el de mi madre Atenea.

Di un último suspiro para intentar calmar las ansias. No quería que supiera que había estado llorando durante horas. Durante años.

Las tres veces que sonó el teléfono parecieron los segundos más largos de toda mi vida. Al descolgar, escuché al otro lado del aparato la voz de mi sobrina Ide.

- Ide, soy Gea. Ponme a mami por favor.
- Bendición tía. Sí, ahora mismo la llamo.

"¡Mamá! Tía Gea está en el teléfono."

Miraba mi reflejo en la pecera. Tenía la ceja ensangrentada aún y en los hombros se asomaban moratones. Odiaba ser tan blanca... Los golpes se veían más. Los gritos de Roma me taladraban y hacía que el dolor de cabeza aumentara por milésimas de segundos. Segundos. Esos interminables, dolorosos e inquietantes segundos. Segundos que se habían convertido en años. 8 años de maltrato físico, verbal y mental.

Por un momento, al escuchar a mi madre acercarse, deseé parecerme a ella. No conozco a una mujer más fuerte.

- Mi hija, ¿cómo estás?
- Mami…. Bendición.
- Dios te bendiga.

La voz de mami me tranquilizaba al mismo tiempo que llenaba mi alma de fuerza, de coraje.
Coraje que me había faltado desde que el padre de mis hijos alzara su mano por primera vez contra mí. Contra nosotros.
El dolor de cabeza había desaparecido, como si su bendición hubiese caído en mi cuerpo nada más salir de su boca.
Jalé aire mientras sentía su preocupación desde el otro lado.

- Mami, le voy a hacer el regalo más grande del día de las madres: venga a buscarme.

Levanté la mirada tras colgar el teléfono. Observaba cada rincón de *mi casa*.

¿Mi casa? ¿Seguro que era *mi casa*?

Porque a pesar de que había ayudado a poner cada peldaño y a plantar todas las plantas del jardín, aun así no la consideraba mía. ¿Por qué?

El suelo verde y amarillo de mármol estaba más frío que de costumbre, o eso me pareció.

Con cada paso que daba sentía el peso de todas mis decisiones. ¿Cuántas veces aquel piso había sentido mis rodillas tornarse de color rojo por las horas que me hacía estar hincada? ¿Cuántas gotas de sangre le habían caído de mi nariz? ¿De mis labios? ¿Del resto de mi cara? ¿Cuántas veces las había tenido que limpiar con mis propias manos?

Acariciaba las paredes blancas de *la casa* analizando cada grumo de pintura. ¡Qué irónico! De lejos parecen tan lisas, pero las tocas y están llenas de diminutas elevaciones. Irremediables defectos. Quizás no *la* construimos tan mal, porque esas paredes eran igual que nuestro matrimonio.

¿Cuántas veces aquellas paredes habían escuchado los lloros de mis niños al ver los golpes que me propinaba su padre? ¿Cuántas veces habían escuchado los míos? ¿Cuántas veces habían escuchado mis oraciones? ¿Cuántas veces habían escuchado mis silencios? ¿Mis pensamientos?

Esas paredes serán las únicas testigos de nuestras muertes como sigamos viviendo aquí.

Tomé asiento en su butaca verde en la misma posición que él lo solía hacer. Estaba situada en una esquina de manera que se podía ver absolutamente todo: la cocina, la entrada a la galería trasera, la habitación principal...

Estiré las manos en el reposabrazos y respiré tan profundamente que sentí el olor impregnado a cigarrillo del sillón bajarme hasta los pulmones.

Observé todos los títulos concedidos al padre de mis hijos: cincuenta y dos papeles colgados otorgándoles reconocimientos perfectamente enmarcados.

Podría haber añadido uno más: *"La Real Academia de Gea otorga a Seth Suárez el título a maltratador del año graduado con honores en mal padre y especializado en ser un monstruo."*

Eso es lo que es: un monstruo al que ayudé a construir *nuestra casa. Nuestra cárcel.* Estaba casada con mi peor enemigo.

De repente, escuché pasos conocidos bajar por las escaleras.

-    ¡Abre mi hija!

No habrían pasado ni 30 minutos desde que la llamé, y ahí estaba. Con sus finas y largas piernas que se asomaban por debajo de su larga falda negra.

Piernas peladas por caídas de la vida. Su negro pelo ya comenzaba tornarse blanco, pero su piel india canela parecía no entender el paso del tiempo.

- Mami… – Dije entre un suspiro.

Abrí el candado de la puerta mientras sentía la mirada de mi ángel salvador.

- Mis nietos, ¿están bien?
- Sí…
- ¿No llevas nada más? – Dijo al tiempo que cogía los dos bultos llenos de nuestra ropa.
- No…
- Bien. ¡Mejor! ¡Déjale todo a ese infeliz! En mi casa no necesitas más que a ti y a tus hijos. Métetelo en la cabeza: Nada más.

El coche público nos estaba esperando delante de *la casa*. Un carrito todo destartalado era el avión que nos sacaría de esa cárcel que en cualquier momento podría convertirse en nuestra tumba. Y como bien sabía, desde esa terminal no sale ningún avión.

Capítulo 4
El atajo

La mañana está fresca, se huele un aire a ciclón. La gran mayoría de las casas de Buenos Aires de Herrera tenían el techo de cin y no podía dejar de imaginar lo rápido que cientos de familias se quedarían sin techo cuando al viento le diera la gana de tornarse indomable.

Mientras tomaba una taza de café pensaba en cómo empezó todo. En cómo conocí al padre de mis hijos.

Recuerdo que para llegar hasta la casa de mi hermano Antonio tenía que hacer una caminata enorme, hasta que su mujer me enseñó un atajo.
El atajo que me hacía pasar por delante de la casa donde vivía Seth junto a su madre.

Corría el año 1986. Yo tenía 17 años y él 26.
Él era hijo único y yo la quinta de seis hermanos.
Yo apenas cursaba el bachillerato mientras que él ya estaba a punto de acabar la carrera de ingeniero electromecánico.
Yo nunca había tenido novio mientras que él presumía de muchas conquistas.
Mi melena larga y castaña, mi estilizado y delgado cuerpo, junto con mis facciones europeas no pasaban nunca desapercibido. Era bien bonita y aún más presumida.

Él siempre me silbaba y tiraba mil y un piropos. Se apeaba de su motor grande rojo para ofrecerme el Sol, la Luna y las estrellas. Pero jamás captó mi atención.

Hasta aquel día que su madre fue la que llamó, ofreciendo una pomada para esa herida que me había salido en el tobillo hacía dos semanas, razón por la cual cojeaba.

"Muchacha ven que te voy a dar un remedio que traje de Curasao para ese 'nacio' que tienes en el pie. Eso te lo sanará de una vez."

Como una planta carnívora atrae a una mosca indefensa hasta su interior con el néctar más dulce: pusieron el cebo y caí; él vio la oportunidad y la aprovechó.

Era un negro feo, de cabello rizo y bajito. No era para nada mi tipo. Sin embargo, tenía una labia y un cuerpo que no dejaba indiferente a nadie. Por no hablar de su inteligencia que dejaba boquiabierto a cualquiera.

Empecé a pasar diario por el atajo. Sin saber que ese camino me llevaría directamente al abismo de los peores años de mi vida.

Ocho años más tarde lo entendí.

Suspiré mientras daba el último trago de café, escuchando los pies descalzos de mamá acercarse.

-        Mi hija no pienses tanto. A los problemas no hay que darle tanta cabeza, luego uno termina volviéndose loca.

-        Es la tercera vez que me voy de *mi casa*.

-        Tu casa no es esa. Nunca lo fue, métetelo en el cerebro. Tu casa es ésta, siempre lo fue y siempre lo será. ¿Y qué si es la tercera vez que te vas? Dicen que a la tercera va la vencida.

-        No quiero volver... La última vez casi me mata a Ares y luego a mí.

-        Si amas a tus hijos no volverás.

Entonces recordé la frase que un día antes me había dicho mi pequeño.

-        Mami, él vendrá a buscarnos. Por favor, no dejes que nos lleve...

No terminé de decir bien la frase cuando divisé su coche subir por la calle. Me empezó a acelerar el corazón y a temblar las manos. No iba a volver. Primero muerta antes que volver.

-        No dejaré que te haga daño Gea. Nunca más te hará daño mientras yo esté viva y tú me permitas protegerte.

La mirada de mami hacia él al apearse del carro era desafiante. Seth no había dado ni un paso, cuando erguida le gritó:

-        ¡No eres bienvenido en esta casa! ¡Así que arranque!

-        Hola Atenea ¡cuánto tiempo sin verla! ¿Cómo le va? Vengo a buscar a mi familia. – Dijo Seth lleno de sarcasmo.

- Tendrás que venir con la policía porque de aquí no se va nadie sin que yo lo autorice.

- Entonces me lo pone sencillo doña, usted sabe que mi papá es general. ¡Gea te ordeno que bajes!

- Vamos a enseñarle como le dejaste la cara a su nieto entonces a ver si le va a parecer tan bonita la idea.

- Esos son problemas familiares, usted no se tiene que meter en nuestras vidas. ¡Gea baja, no te lo digo más!

- ¡Desgraciado! A Gea la parí yo y jamás le he puesto la mano encima.

- ¡Ah! Entonces estoy haciendo el trabajo que debió de haber hecho usted hace muchos años. Así que deme las gracias.

- ¡Que te largues!

- No se preocupe doña, yo me voy. Pero recuerde que Gea y yo estamos casados y tenemos tres hijos. Estamos unidos hasta que la muerte nos separe. ¿Oyó bien? ¡Hasta que la muerte nos separe!

Entró al coche con seguridad, arrogancia y una risa irónica en la cara. Sus ojos no se apartaban de nosotras. Sentí su odio, su ira, su rabia... Sentí la muerte tocándome la espalda.

- ¿Trajiste tu pasaporte Gea?

- Sí.

- Te tienes que ir para España lo antes posible. Hablaré con tu hermano Antonio para que te reciba en Barcelona y te eche una mano. Sé leer miradas y he sentido lo mismo que tú. Te tengo que sacar del país y no hay nada que discutir. La decisión está tomada.

Sumergida en el abrazo de mamá le dije inconscientemente entre las primeras lágrimas de una noche llena de llantos:

- ¡Ay mami! ¡Si Usted supiera por todo lo que he pasado!

Entonces apretó un poco más fuerte, y sentí que nada ni nadie podía hacerme daño entre sus alas protectoras.

- Cuéntamelo mi niña, cuéntamelo todo. Así tu alma quedará en paz, tu conciencia tranquila y podrás continuar hacia adelante.

PARTE II

Crónicas de una mujer maltratada

"Nadie merece más tu amor, que tú mismo."

- Buda

Capítulo 5
El tanque de agua

-        ¡No! ¡No! ¡No! ¡Por favor Seth! ¡Por favor!

Sentí sus rudas manos coger mi cuello y tirar del pelo para llevarme hasta la galería de la entrada.

Me resistía. Juro que intentaba resistirme, pero la fuerza de un hombre que había practicado carate durante toda su vida comparada con la mía, que jamás había tenido que levantar un galón de agua, era bestial.

Caí de rodillas en el suelo sin asfaltar. La piel de mis rodillas se desgarraba y veía la sangre quedarse en el piso.

-        ¡Levántate!
-        ¡Por favor Seth! ¡Por favor otra vez no! – supliqué entre sollozos.
-        ¡Que te levantes te estoy diciendo!

Nuestro bebé no paraba de moverse en la barriga. Estaba segura de que sentía mi sufrimiento.

Escuchaba a lo lejos a Ares consolar a su hermana Perséfone que rompía en llantos. *"Tranquila hermanita… Tranquila… Pasará rápido. Te lo prometo."*

-        La próxima vez que yo te diga que sirvas la comida, no te entretengas limpiando a los niños. ¿Lo entiendes?

-        ¡Sí lo entiendo! ¡Pero por favor el tanque no!

Con una mano cogió mi delgado y ya enrojecido cuello, con la otra se agarraba del tanque. Sumergió mi cabeza en el agua llena de gusarapos. Agua sucia se metía por mi nariz, por la boca, por los ojos... El forcejeo hacía que me diera golpes con las paredes del recipiente.
Mi bebé se estaba volviendo loco.
Cuando rozaba la pérdida del sentido, sacaba mi cabeza para que tomara un poco de aire.
Luego volvía a empezar.
Y así una decena de veces, sentí la muerte merodeándome cada treinta segundos.

-        ¡Eso es para que aprendas que a los hombres se les respeta! ¡Mi palabra es la ley en esta casa!

Tiró mi maltratado y mareado cuerpo en el suelo de la galería como si de un trapo sucio se tratase.

-        ¡Sécate y arréglate rápido que vamos a cenar ya! No quiero hablar mucho hoy.

Levanté la vista hasta llegar a cruzarme con sus ojos.

-       ¡No me mires! ¿Por qué me miras? ¿Me estás desafiando? ¡Te estoy diciendo que te cambies mujer del diablo!

Aparté la mirada y logré ponerme de pie lentamente. Caminé hasta nuestra habitación mientras me sujetaba la barriga. *"Otro día que sobrevivimos bebé. Un día de estos nos matará a todos"*, dije para mis adentros.

Capítulo 6
Oídos sordos

Llegué a casa de mi hermano Antonio empapada en sudor. Caminar embarazada de ocho meses y con dos niños a rastras empezaba a hacerse trabajoso.

Cuando pasé el porche de su hogar divisé a Antonio sentado en el comedor comiendo un sancocho.

Dejó caer la cuchara y su expresión se llenó de ira.

- ¡Explícame qué te pasó en la cara! – reclamó mirándome fijamente.
- Me caí. – Mentí.

¿Cuántas veces habría dicho esa misma frase de solo dos palabras? Dos palabras que escondían sufrimiento. Sufrimiento que todo el mundo conocía, pero les daba vergüenza preguntar y aún menos admitir.

- ¿Y será que tú piensas seguir con un tipo que te hace eso?
- Ya te dije que me caí Antonio, ¡déjame en paz por favor! Vine a traer a los niños para que los vieras.
- ¡Debiste de dejarme partirle la cara la primera vez que apareciste con el ojo colorado!
- Es el padre de mis hijos, tienes que respetarlo.

-	No se le debe respeto a alguien que se comporta peor que un animal salvaje.

-	¡No digas eso! Dios sabe que él cambiará...

-	Ares tiene cinco años, Perséfone casi dos y estás embarazada de una tercera criatura. ¿Dime cuándo ha parado? ¿Dime? Porque ni si quiera ha respetado que estés embarazada para dejarte la cara como la tienes. Es más, si ya de novios te hacía eso, ¡tú tenías que soltar eso en banda desde hace años Gea! ¡Es que no lo entiendo! No tienes la necesidad de pasar por todo esto. Vete para la casa de mami... Es más, ven para la mía. De verdad que no te entiendo, juro que trato de hacerlo, pero no puedo.

Miré tristemente a mi hermano. Es el segundo de seis hermanos y el que desde niños siempre nos ha protegido. Es tan alto y fuerte, como apuesto. De piel canela y rasgos finos. Con su pelo negro peinado hacia atrás parecía un galán de telenovela.
Lo único que superaba su increíble físico era su deseo de superación constante. Desde que tengo uso de razón, Antonio había trabajado para intentar sacar al resto de la familia adelante.
De repente su semblante cambió. Sus ojos tenían una mezcla entre tristeza y miedo. Miedo de perderme.

-	Gea, por favor, escúchame bien. No importa que tengas tu tercer hijo bajo el techo de mami. Tú te casaste con Seth antes de este último embarazo ¡el otro día como quién dice! Oficialmente tienen viviendo juntos poco menos de un año. Si ya de novios llegabas abollada ahora no quiero saber lo que te hace. Sabes que de aquí a tres meses me iré a Nueva York a probar suerte, si no me gusta lo que veo, me iré a Barcelona, y de verdad lo último que quiero es que me den la noticia de que ese loco ha matado a mi hermana y a mis sobrinos. Me moriría si algo le pasara a cualquiera de mis hermanos.

- Antonio....

- No he terminado. ¿Te acuerdas cuando murió nuestro hermano Tomasito? Con siete años Dios decidió llevárselo. Sus problemas de respiración y del corazón ya no tenían solución. Hasta que de repente todo se apagó... ¿Recuerdas cómo estuvo mami? ¿Recuerdas cuántos años lloró su muerte todas las noches?

- Quince años.

- Quince años de pena. No puedes hacerle eso otra vez. Si pierde otro hijo el resto de hermanos la perderemos a ella, y eso no es justo. Mami no merece más dolor del que pasó al lado de nuestro padre y nosotros no merecemos perder a nuestra hermana ni a nuestra madre tan jóvenes. Porque si te pierdo a ti, la pierdo a ella. Y mi vida sin mi familia no tiene sentido. ¿Lo entiendes?

- Sí.

- No. No lo entiendes. Sé que pasarán días o quizás años hasta que lo entiendas Gea. Pero siempre estaré aquí para ti y para mis sobrinos. Siempre. Por encima de todo. Quizás la vida de tu madre o incluso la tuya no tenga tanto valor para ti. Pero todo cambiará el día que ese hombre, perdón, que ese animal empiece a tocarte donde más te duele: tus hijos. El día que veas un cambio en tus hijos, ahí te acordarás de estas palabras.

Pasarían dos años hasta que esa profecía se cumpliera.
El día en que mi hijo Ares confesara las intenciones de matar a su padre cuando creciera.

Capítulo 7
Las flores amarillas

Seth abrió despacio la puerta de la habitación.

- ¿Estás bien? – preguntó con un tono de voz bajo.

Estaba sentada delante del espejo peinándome. Las ojeras parecían ocupar cada vez más espacio en mi pálido rostro, y creí ver más pelos en el cepillo que en mi cabeza.

- Sí, estoy bien Seth. – Mentí.
- Cuando salí del trabajo paré en una floristería a comprarte un detalle... Espero que te gusten.

Sacó un enorme ramo de flores del color del Sol de detrás de su espalda.

- ¡Mira son amarillas! ¡Cómo el vestido que te compré el otro día!

Lo cogí sin mucho entusiasmo con una sonrisa forzada.

- Podrías llevarlo este domingo cuando vayamos a ver a mis tías o quizás para el sábado cuando llevemos a los niños al malecón a tomar helados ¿te apetece?

-     Por supuesto, dalo por hecho.

Unos incómodos segundos nos hicieron compañía.

-     Gea, perdón por lo de anoche. Sabes cómo me pongo cuando bebo y tú no me pones las cosas más fáciles. Los niños, tú, el trabajo... Me agobio y no sé por qué me comporto así. De verdad que me gustaría saberlo, pero...

Silencio. Respiró profundamente antes de continuar:

-     De verdad te prometo que no volverá a pasar. Te lo juro por esa criatura que está creciendo en tu vientre que jamás te pondré la mano encima. Por nuestro bebé que en breves estará con nosotros y con sus hermanos.

Eché la silla para atrás y lo miré dulcemente a los ojos. Él me devolvió la mirada con el mismo cariño. ¿Por qué no podía ser así siempre? ¿Por qué esos cambios tan bruscos de humor? ¿Por qué tenía que beber? ¿Por qué si era tan inteligente echaba a perder su familia con cada grito?

Lo abracé fuerte y sentimos cómo nuestros corazones iban al mismo son. Ya había perdido la cuenta de las veces que me había hecho la misma promesa. Se agachó hasta posar su cabeza en mi vientre y acariciándolo le dijo a nuestro futuro hijo:

-       Princesa, vas a cambiarlo todo.

-       ¿Cómo sabes que será una hembrita?

-       Algo me lo dice. Y será mi favorita, la que más voy a querer. La única que habrá nacido bajo mi techo.

Y así, sin darme cuenta, dio a luz el veredicto que años más tardes separaría a mi pequeña de sus dos hermanos mayores.

Su obsesión con Roma había comenzado antes de que ella naciera.

Capítulo 8
La niña al lado de la nevera

Hacía ya un mes que nos habíamos mudado en nuestra *casa* y apenas teníamos amueblado un solo cuarto para dormir los cuatro. Y con un tercer muchacho en camino, ya no quedaba espacio.

- Seth, creo que deberíamos de comprarle una cama a Perséfone. Está bien que duerma con su hermano, pero en una cama más grande quizás... O a lo mejor podríamos habilitar ya la otra habitación.
- Le he comprado un colchón provisional. Lo tengo en el carro, voy a buscarlo ahora.
- ¿Y dónde lo vamos a poner? ¿En el suelo directamente?

Sus ojos se clavaron en mí de una forma que ya conocía.

- ¡No me jodas Gea! ¡Te dije que ahora lo traigo! ¿O es que no escuchaste?

Sentí mi respiración cortarse en el aire.
Dio la última calada de su Malboro y tiró la colilla en el suelo de la sala.

-      ¡Recógela! No se va a meter en la basura ella solita.

Mientras subía a buscar el colchón busqué la escoba.

No entiendo por qué se pone así.

Es normal que quiera que nuestros hijos duerman lo más cómodo posible, ¿no? Quizás el embarazo me tiene más antipática... Sí, debe de ser eso. Debo de estar irascible.

No había salido bien de mis pensamientos cuando al dar la vuelta estaba él con el colchón y no pude evitar asustarme.

-      ¿En qué pensabas tan concentrada? ¿O en quién? – Dijo molesto.

-      Estaba pensando que seguro ando de mal humor por el estado en el que estoy. Lo siento no pretendo hacerte enfadar, pero es que este embarazo se me está haciendo más difícil que los anteriores.

-      Pues sí, estás que no hay quién te aguante. ¡Bueno! Cambiando de tema, adivina dónde vamos a poner el colchón de Perséfone.

Su cara de repente se tornó amable y comprensiva. Ojalá estuviera así siempre.

-      ¿Dónde? ¿En el otro aposento?

-      ¡No! Aún hay que reforzar las vigas.

Caminó unos 4 metros hasta llegar a la nevera vieja que nos habían regalado como obsequio de boda.

- ¡Justo aquí!
- ¿Al lado de la nevera?
- ¡Bingo!
- Pero... Esto es la galería del comedor, sólo están las rejas para protegerla del tiempo, no hay paredes. Le pasará todo el frío de la noche. ¡Puede metérsele hasta un ciempiés por las sábanas! Además, estamos en temporada de lluvia y el agua puede llegar hasta aquí. Y so....

Sentí la palma de su mano estrellarse contra mi cara.

- ¡Te dije que es aquí y aquí será! ¡No me importa si se moja! Le ponemos un paraguas. Si hace frío le ponemos una colcha ¡y ya! Siempre queriendo complicarlo todo con tu maldita negatividad.
- Solo tiene 1 año y medio... – Murmuré tan bajo que se convirtió en un pensamiento.
- Ahora sé buena y ve a terminar lo que estés haciendo.

No dije ni una palabra más en lo que restaba de noche. Limpié la gota de sangre que goteó de mi nariz.
Fui a buscar sábanas limpias para acomodarle el nido a mi niña lo más cómodo que fuera posible... Sería la primera noche que dormiría sin ella.

Oré antes de acostarla para que Dios y los ángeles me la cuidaran durante todas las noches que le tocaría dormir ahí. Para que no se me enfermara, para que me la protegiera del frío... Para que me la protegiera de él.

Capítulo 9
El labio de Perséfone

Recuerdo que cuando vi a Perséfone con el labio superior partido tiré el grito al cielo.

- ¡Mami, Perséfone se calló y vinimos corriendo! – Anunció Ares preocupado.

Cogí a mi pequeña y le eché agua. Mucha agua. Luego mucho hielo. La hinchazón ya estaba empezando a aparecer cuando pudimos parar la sangre.

- ¿Pero muchacha cómo fue que te hiciste eso?
- Jugando mami... – Me dijo entre lloros mientras secaba sus lágrimas.

Ya había pasado un mes desde aquella tarde, pero cada vez que veía la cara de la pequeña, mi cerebro obligaba a rememorarla.
Siempre había sido nerviosa, pero desde que se calló había cogido la manía de quitarse la costra de esa herida cada vez que algo la atormentaba. La corregía a menudo, pero es que la niña estaba inquieta a todas horas, sobre todo cuando escuchaba el coche de su padre estacionarse.
Esa mala costumbre y un ruido extraño que hacía cuando respiraba fue lo que me llevó a estar ahora donde estaba: delante de la puerta

del médico esperando el resultado del análisis que le habían hecho.

- Gea Ramírez. Adelante.

Entré al consultorio del doctor con ese pequeño presentimiento de que algo no iba del todo bien.

- Su hija tiene asma. Le voy a extender la receta para que compre los medicamentos necesarios, así como el inhalador. Debe de vigilar muy bien que la niña no coja aire.

"Debe de vigilar muy bien que la niña no coja aire." Esa frase retumbó en mi cabeza el resto de la semana. La nevera. La culpa de la salud de mi hija la tenía el que llevara durmiendo al lado del electrodoméstico los últimos meses. ¿En qué diantres estaría pensando? ¡Tenía un ventilador justo al lado de su cabeza!
Cargué a mi niña en brazos y me dirigí a casa de mi madre a por Ares.
Mientras iba en la guagua con Perséfone en brazos, le susurré al oído:

- Tranquila mi reina, a partir de hoy volverás a dormir con mamá.

Volteó a mirarme y en sus ojos pude ver la felicidad en estado puro.

Capítulo 10
De rodillas

-	¿Entonces Perséfone tiene que volver a dormir con nosotros? ¿Así lo dijo el doctor? ¿Estás segura?

Empecé a fregar los platos cada vez más lento. Sabía lo que ese tono significaba, y aunque estaba de espaldas a él, también conocía la posición exacta en la que se encontraba: apoyado en la pared jugando con el beeper.
Tiraba el aparato hacia arriba y lo recogía al vuelo.

-	No lo dijo con esas palabras precisamente. Si no que debe de evitar coger aire, tiene asma y no le hace bien. Por cierto, tienes que dejarme el dinero para la medicina de la niña y para el aparato.

-	¿Entonces hablaste mucho con el médico? – Su tono de voz era cada vez más bajo.

-	No. Solo me dijo lo que te acabo de decir. Nada más, te lo prometo. - Sentía su presencia cada vez más cerca.

-	Está bien no te preocupes. Los niños ya duermen. – Afirmó.

-	Voy a ver si Perséfone se durmió bien, para arroparla y…

Su brazo prohibió mi salida de la cocina. Su respiración era fuerte y al mismo tiempo calmada. A medida que se acercaba lograba ponerme cada vez más nerviosa.

- Te dije que ya he ido yo a verlos. Están dormidos y arropados. Pero... ¿Sabes dónde vas a pasar tú la próxima hora?

Empezaron a asomarse lágrimas en mis ojos.

- Seth, tengo casi 9 meses de embarazo, apenas puedo moverme.
- ¡Bingo! ¡Vas a estar de rodillas una horita! ¿Y sabes por qué? Porque no está bien que una mujer casada ande hablando con otros hombres. Aunque sea su médico. – dijo canturreando.
- Por favor... No entiendes que...

Cerré fuerte los ojos cuando vi levantar su mano como tantas otras veces lo había hecho. Estaba asustada y al ver que acariciaba mi cara me confundí.

- No te preocupes vida mía. No soy un monstruo como tu familia cree. Tendré piedad y hoy solo estarás 30 minutitos. – Me susurró al oído.

Fui hasta la habitación para ver a mis niños. Distinguí la mirada de Ares entre la oscuridad y le dije sin voz *"duérmete."*

Cerré la puerta y lentamente me puse de rodillas delante del sillón donde él ya estaba sentado. Justo en medio de la sala. Sus ojos no se apartaban de mí y en el momento en que cruzamos miradas gritó:

- ¡NO – ME – MI – RES! Y ahórrate el desafío.

Bajé la cabeza mientras sujetaba mi barriga.

- Son las 8:36. A las 21:06 te paras. No antes, no después. No quiero lágrimas ni quejas. Si no el castigo será peor.

Asentí. Como siempre hacía.

Capítulo 11
La broma

Oí su coche estacionarse.

Ares apagó rápido el televisor y corrió como alma que lleva el diablo al patio a recoger hojas.

Seth no podía verlo sin hacer nada. El niño tenía que estar ocupado siempre. Si lo veía tranquilo él no era feliz.

- ¡Hola familia! ¿Cómo están hoy? – dijo alegre.
- Hola Seth. - Dije sonriente.
- ¡No! Tienes que decir: *"hola mi amor, ¿cómo te fue en el trabajo?"*. A ver repite.
- Hola mi amor, ¿cómo te fue en el trabajo?
- ¡Muy bien! ¡Excelente diría yo! ¡Me encanta cuando me llaman para solucionar los problemas que nadie más puede resolver! ¡Eso me hace sentir vivo! ¡Importante!
- Tú ya eres importante para nosotros.
- ¡Eso no es lo mismo!

Me gustaba verlo feliz. Ojalá nuestra familia fuera la razón de esa dicha, pero sabía perfectamente que no era así.

- Hice pollo frito para cenar, como me pediste en la mañana.

- ¡Gracias! Pues yo te traje un regalo. Algo para que lo pongas al pollo.

Sacó de su bolsillo un pote lleno de un líquido color oscuro.

- ¿Qué es? – pregunté.

Su rostro cambió. De transmitir una felicidad radiante a una seriedad siniestra.

- Es veneno. – contestó más frío que un témpano de hielo.

De repente, mis ojos se llenaron de miedo y sabía que eso le provocaba satisfacción.

Por un momento recordé todo lo que me había dicho mi hermano Antonio.

- ¡Es broma mujer! Es una especia que encontré en el barrio chino. A ver a qué sabe. ¿No creerás que envenenaría a mi propia familia verdad?

- No cariño... ¡Es que saltas con unas benditas bromas! – respondí con una forzada y nerviosa sonrisa.

Él mismo comenzó a echar la especie por todo el pollo. No podía apartar la vista del caldero. ¿Y si de verdad era veneno? ¿Y si un día de estos nos mata a todos?

Capítulo 12
La toalla

A diferencia de mis otros hijos, Roma nació en una clínica privada. Seth había decidido que su pequeña princesa debía de venir al mundo de la mejor manera posible. Quizás, después de todo, esta criatura sí lo haría cambiar.

Tras aguantar un día entero los dolores de parto vino un médico inexperto a hacerme el tacto y confundió las dos nalgas de Roma con dos cabezas, pensando así que vendrían gemelos. Pero lo cierto es que la niña había decidido sentarse en el último mes de embarazo.
Una vez aclarada la confusión, me durmieron de piernas para abajo y procedieron a hacer una cesárea. Lo que nunca antes me habían hecho.

Cuando me dijeron que era una niña pensé en Seth y en el nombre que él había decidido ponerle. Sin comentar o pedirme opinión alguna, igual que había pasado con Ares y Perséfone. No tuve ni voz ni voto.

"Se llamará Roma Suárez, igual que mi tía la pintora." Recordé.

Cuando salí de quirófano, mi madre tenía a mi hija en brazos envuelta en una toalla.

Era una niña preciosa. Pequeña y más blanquita que sus hermanos. Con los ojos grandes y de labios carnosos como su padre. Con la nariz diminuta y mi color de pelo.

Era única. Ella era mi última esperanza en el cambio que tanto le había pedido a Dios en nuestra familia.

-       ¿Y Seth? – pregunté desde la cama exhausta.

Creo que nunca me había sentido tan mal en lo que llevaba de vida. Con el parto natural a la hora ya estaba caminando, pero con la cesárea el simple esfuerzo de hablar resultaba agonizante.

-       Fue a comprar algo de comer ese maleante. – dijo mi madre mientras miraba con ojos de enamorada al nuevo miembro de la familia.

Mami estaba acomodando a Roma para cambiarla de posición, cuando de repente, vi cómo se le deslizaba la niña por la toalla hasta casi alcanzar el suelo.
Abrí los ojos y sentí como el corazón me daba un vuelco. Puse las manos en la cabeza imaginando lo peor.

Por obra de Dios, mami sacó una destreza impropia de su edad. Cuando el cuerpo de mi bebé casi rozaba el piso, sus brazos lograron cogerla justo a tiempo.

Cruzamos miradas aterradas y con el susto aún a flor de piel suplicó:

- No le digas nunca lo que acaba de pasar a Seth. Si lo sabe, puede mandarme a la cárcel y ya sabes que no soy santo de su devoción.

Y así por poco se muere Roma al nacer. Primero en un parto complicado, luego al casi caerse de los brazos de mi propia madre.

- Esta no tiene ángel del aguarda, a esta la cuida Dios directamente. – afirmó mami mientras me la pasaba para darle el pecho.

En ese instante pensé que exageraba.
Tuvieron que pasar casi 8 años hasta que entendiera lo que mami dijo. Que a esta muchachita el Universo entero la protege.

Capítulo 13
Racionar la comida

- Quiero que gastemos lo menos posible en comida. – Sentenció Seth mientras dejaba las bolsas del supermercado encima de la mesa del comedor.

Desde que nos habíamos mudado juntos él siempre se encargaba de hacer la compra. Yo apenas salía los domingos a visitar a su familia paterna y algún día que me escapaba a ver a mi hermano Antonio.

- Pero Seth, hay veces que vienes a comer al medio día con amigos. Si ya apenas la comida no da para nosotros cinco... – Me armé de valor para terminar la frase- deberías de invitar a menos compañeros de trabajo.

Esperaba una respuesta agresiva, quizás una bofetada. Pero creo que su contestación me dolió más que cualquier golpe.

- ¡Mira pues tienes razón! Dejaré de venir tan frecuentemente a comer con mis amistades. Pero el día que venga acompañado, te llamaré para que les des la comida a los niños antes de que lleguemos. Así ustedes se sirven menos y la visita no se da cuenta. Solucionado. ¿Te parece?

No contesté.

Comencé a ordenar los alimentos en la nevera y en los estantes.

¿Qué clase de padre prefiere dar de comer a sus amigos que a sus hijos?

Capítulo 14
El puente de la 27

Había formado un tapón el puente de la 27.

Las bocinas de los otros coches me hicieron salir del trance en el que me hallaba desde hacía unos diez minutos.

Veía ponerse el Sol desde el asiento del copiloto de nuestro carro.

Roma lloraba. Estaba en mis brazos sentada sobre mis piernas, intentaba despegarse de mí pero no la dejaba.

Roma lloraba porque la tenía agarrada tan fuerte de sus manitas, que le estaba haciendo daño. Lloraba y me miraba con ojos de reclamo.

"¿Por qué me haces daño mamá?", decían sus grandes ojos marrones. Pero no podía evitarlo. Tenía miedo, mucho miedo.

Miedo a que chocáramos y muriéramos todos en un accidente.

Miré hacia la parte de atrás del coche para comprobar que Ares y Perséfone seguían durmiendo profundamente. Con sus cinturones bien abrochados.

Roma lloraba. Intentaba zafarse de mí, pero no lo conseguía.

Observé a Seth que estaba borracho mientras iba al volante, prácticamente dormido.

Hacía menos de 10 minutos que casi provocamos un choque. Casi morimos. Casi.

Todos los domingos la misma vaina.

Íbamos a casa de la familia de Seth y siempre volvía borracho.

El corazón me iba muy rápido. Las lágrimas me caían sin poder controlarlas y la sensación de incertidumbre no paraba de crecer.

Cuando pienso en cómo acabarán nuestras vidas esta es una de las formas: salir disparados por el puente de la 27 un domingo familiar que terminaría convirtiéndose en un velorio.

Cuando pienso en cómo acabarán nuestras vidas, Seth siempre es el responsable de la muerte.

Cuando pienso en cómo acabarán nuestras vidas, yo siempre soy la cómplice, por permitir todo lo que nos está pasando.

Capítulo 15
Visitas clandestinas

- ¡Mami! ¿Qué hace usted aquí? – Dije asombrada al
ver a mi madre subir el barranco que estaba detrás de la casa.
- ¡Oh mi hija! ¡Vengo a verte! Ya que ese infeliz no me
deja pisar *su casa*, de alguna forma tengo que entrar.

Atenea iba con una falda negra larga. De esas que la caracterizaban
tanto. Venía con una funda en las manos y los niños al verla
corrieron hacia ella.

- ¡Mamá! – Gritaron Ares, Perséfone y Roma al
unísono.
- ¡Mis hijos! ¡Mis nietos hermosos! ¡Miren lo que les
traigo!

Sacó unas paletas de colores grandes en forma de espiral.
Tenía semanas que no veía a mis niños tan felices. Desde la última
visita de mami concretamente.

- Ya saben muchachos, vayan para la parte de atrás de
la galería y acábense sus paletas, que su padre tiene
prohibidos los dulces entre semana. ¡Corran! ¡Huyan! Luego
acuérdense de devolverme el palo– les dije.

Disfruté al verlos saborear la piruleta, ¡estaban tan contentos! Roma no tardará en comerse la suya y querer quitarles las de sus hermanos. Esta niña se porta tan mal.

- ¡Gea! ¿Cómo estás? – dijo mami.
- Bien mamá. - Mentí- ¿Y usted cómo está? ¿Sabe algo de mis hermanos? Espere, déjeme ir a ponerle un café.
- No te preocupes mi hija, no puedo durar mucho porque el maleante ese llega como en una hora del trabajo, ¿no?

Entonces rompí a llorar. Fui corriendo a sus brazos, los únicos en los que me sentía a salvo.

- ¡Ay mi hija! No te preocupes… Pronto tú sola vas a salir de todo esto. Cuando estés preparada para irte y no volver nunca más, te prometo defenderte hasta la muerte si es necesario. Pero solo cuando tú estés lista.
- ¡Mami es que no deja ni si quiera que usted me venga a ver! ¡Que nadie de mi familia venga a visitarme! Me siento tan sola… ¡Llevo años en esto!
- ¡No estás sola muchacha! Nosotros somos muchos, y sabes que tienes una familia que te ama y quiere lo mejor para ti. Pero hasta que tú misma no te quites esa venda de los ojos ningún paso que des, será hacia adelante. Nada de lo que te diga valdrá ni tendrá sentido hasta que te limpies los oídos para que entren los consejos.

- Los echo tanto de menos… – Lamenté.

- Gea han pasado casi dos años desde que nació Roma. Desde entonces solo te veo así. Como si yo fuera una espía. Clandestinamente venir a verlos. ¡Esto no es vida! El hecho de que sea el papá de tus hijos no le da derecho, ni tampoco el que lo ames. Nadie tiene el derecho, ni si quiera yo que soy tu mamá, de ponerte la mano encima. Tienes que despertar mi reina. Tienes tres hijos por los que luchar. Hazlo por ellos.

- ¿Yo sola? ¿Dónde voy yo con tres muchachos sola mami?

- Espero sea una broma. Que lo estés diciendo de la boca para afuera. ¿A mi tú me estás diciendo eso? Tu papá me abandonó con 6 muchachos Gea. ¡Con 6 carajitos! Yo no tenía una mamá que me ayudara, y aun así salí adelante. Ahora me tienes a mí. Siempre me vas a tener a tu lado en las buenas y en las malas. Así que, por favor, te lo pido, cuando tú estés lista: llámame. Porque volaré para mantenerte a salvo. Porque no te voy a rescatar. Porque al tomar la decisión, ya te estarás rescatando a ti y a tus hijos.

- Mami… – Sollocé.

- El día en el que reciba esa llamada. Seré la mujer más feliz del mundo. La estaré esperando. Porque la esperanza es lo último que se pierde.

En menos de dos semanas, mami recibiría esa anhelada llamada.

Capítulo 16
La niña mimada

Mientras tendía las sábanas blancas en el patio de atrás, observaba como Seth le quitaba el dulce que minutos antes le había entregado a Ares para dárselo a Roma.

- ¡Pero papi! ¡Roma ya se acabó el suyo! – Reclamó Ares valiente viendo como Roma se reía plácidamente.

Seth se apartó de la niña para acercarse en tono amenazante hacia nuestro primogénito.

Una camiseta húmeda se deslizó desde mi mano hasta caer al piso. En esos segundos cerré los ojos rogándole a Dios que no le pusiera la mano a encima a mi hijo.

- Roma quiere tu dulce, así que hay que dárselo. ¿Entendido? Ella es la pequeña, la reina de la casa. ¡Así que no me hagas enfadar y ponerte de castigo! – le dijo mirando fijamente a Ares.

El niño bajó la cabeza y se fue a mirar a los conejos enjaulados. Perséfone le siguió para ofrecerle la mitad de su dulce, cosa que él agradeció, pero terminó rechazando.

Lo vi jugar con pena metiendo el dedo índice en las jaulas y sacándolo rápidamente.

Al otro lado del patio seguía Seth jugando con Roma.

Ares no la quería por culpa del comportamiento de su padre. Su favoritismo era cada vez mayor y no le importaba en lo absoluto los sentimientos de sus dos hijos mayores. Y mucho menos le importaba los míos.

Por un instante me puse a pensar lo lentos que habían pasado los últimos años de mi vida. Casi dos años del nacimiento de mi pequeña Roma. ¡Había puesto tanta esperanza en que ella lo haría cambiar! Pero resultó ser todo lo contrario.

Desde su nacimiento, nuestra relación no había hecho otra cosa que empeorar.

Más discusiones, más golpes, más flores amarillas...

¡Y esa obsesión de él con Roma! Porque no era amor.

En estos años había comprobado que él no sabía el significado de esa palabra porque nunca se lo enseñaron.

Estaba tan sumida en mis pensamientos que no me percaté de que Seth estaba al lado mío.

- ¿Te has dado cuenta de lo inteligente que es Roma? ¡Se parece mucho a mí! He decidido que a los 4 años le enseñaré a leer y a escribir. Así será la más aventajada de su clase.

- ¿No crees que a los 4 años es muy pronto que una niña empiece a leer y a escribir? Puede llegar a leer cosas inapropiadas para su edad, no sé, creo que no disfrutaría de su niñez ¿no?

-      ¿Qué no disfrutaría de su niñez? ¡De donde sacas esas
cosas! ¡Por Dios Gea! Roma será la número uno en todo. ¡Yo
me encargaré de eso!

Parecía más una amenaza que una promesa.
En ese momento no sabía que cinco años más tarde no reconocería a
mi propia hija.
Que me la entregarían con el rostro desfigurado y siendo un pichón
de él. Que la habría convertido en un prodigio inteligente pero
contaminada con su veneno hacia mí.
No sabía que la policía me entregaría a una niña rota por fuera, pero
aún más por dentro.

Capítulo 17
¡Mami! ¡Vete para la cocina!

-        Roma por favor, tienes que aprender a compartir con tu hermana. ¿Ves? Ella te presta sus juguetes. Tú también tienes que prestarle los tuyos, ¿de acuerdo? – Le intenté explicar dulcemente a mi pequeña de año y medio.

Entonces comenzó a llorar como si no hubiera un mañana.

Ese comportamiento de niña malcriada cada vez lo toleraba menos.

Roma era distinta a sus hermanos incluso en el físico. Tenía la piel más clara y los labios carnosos. La nariz mucho más pequeña y su tez mulata contrastaba con su cabello de rizos rubios. Sí, era rubia, como yo cuando era niña.

Su belleza era fuera de lo común.

Hay un término muy despectivo para los niños como ella en el país. Les dicen "javaos". Se refieren a mestizos que tienden a ser rubitos; que se nota que uno de sus padres es negro por las facciones. Como si el niño o niña "quisiera ser blanco, pero no llega a serlo".

Siempre he odiado esa palabra. La oía mucho cuando iba a mi pueblo.

"¡Te salió 'javá mala clase' la tercera Gea!", tenía que escuchar decir a más de una vieja mientras miraban a Roma.

Pero la diferencia entre ella y sus hermanos, no era tanto en apariencia. Era en carácter.

Nació sin miedo.

¿Cómo lo explico? Era como si hubiese sentido todos los golpes que su padre me propinaba cuando aún la tenía en mi vientre. Su mirada parecía que tenía conciencia, recuerdos, memoria.

Aprendió a caminar sin temer caer. Observaba mucho y lo aprendía todo con rapidez. Demasiada rapidez.

Y como la niña inteligente que era, yo tenía la responsabilidad de hacerle entender que sus hermanos no eran sus enemigos, que tenía que compartir con ellos y ser condescendiente. Así que le grité.

- ¡Muchachita! ¡Como sigas gritando te voy a mandar de castigo para que llores con ganas y con razón!
- ¡No! – Me gritó desafiante.

Nunca antes, ninguno de mis hijos me había gritado.

Su pequeño cuerpo se fue corriendo hasta la puerta de la cocina. Señaló la entrada y volvió a gritarme.

- ¡Mami! ¡Vete *pa'* la *cochina*! – dijo enfadada. Como si ella tuviera la razón absoluta en esta discusión.

Mi benjamina acababa de mandarme a la cocina. Se había acostumbrado a verme siempre ahí. Su pequeña mente asociaba que ese lugar era una zona de castigo, que ese era mi lugar.

Lejos de molestarme, empecé a reaccionar. Como si esa frase hubiese sido un balde de agua fría.

¿Era la cocina mi lugar en esa casa? Sí, según el veredicto de Roma.

¿Era eso lo que quería que mis hijas tomaran de ejemplo?

Capítulo 18
La comida de los conejos

Divisé en el horizonte la figura de mi hijo Ares corriendo hacia casa como si su vida dependiera de ello. Venía del descampado que estaba relativamente cerca.

O lo que es lo mismo: cerca para una persona adulta y lejos para un niño.

Con apenas 6 años, iba una media de 4 veces al día, todos los días de la semana, excepto los domingos y algún que otro sábado.

Esa era su tarea: ir a buscar hierba para dar de comer a los más de 20 conejos que teníamos en las jaulas del patio trasero.

Seth le había puesto esa obligación desde hacía un año, y el día que Ares no llegaba con suficiente comida, aunque no dependiera de él, eso era un castigo seguro.

Las niñas dormían y yo al ver que Ares tardaba más de la cuenta, decidí esperarlo arriba.

Nada más verme, empezó a caminar lentamente hasta llegar a mí con la cabeza agachada. Cuando de repente, dejó caer la bolsa donde guardaba la hierba, sus brazos rodearon mi cintura y empezó a llorar desconsoladamente.

Miré de reojo la funda que sólo estaba por la mitad.

Le devolví el abrazo porque ambos sabíamos lo que iba a pasar esa noche cuando su padre llegara de trabajar.

Saqué 5 pesos de mi bolsillo y me agaché hasta llegar a su altura.

- Toma mi vida, ve al colmado a comprarte un caramelo o unas papitas. Lo que tú quieras.

- Pero mami, aún no he cenado y me tiene prohibido comer disparates antes de cenar.

- No importa mi rey. Hoy es un día especial, hoy podemos saltarnos esa norma. ¡Pero corre que en una hora llegará tu papa! ¡Anda! ¡Ve!

Entonces recordé lo feliz que era mi niño cuando vivíamos él, su hermana Perséfone y yo en casa de mami. Antes de decidir tener una tercera criatura de él y dejarme convencer que mudarnos juntos era la mejor opción. Antes de casarnos. Antes de firmar la sentencia donde Ares sería condenado a una pela cada vez que no trajera una funda llena de hierba para conejos.

Capítulo 19
La chancleta en la cara de Ares

- Entonces no recogiste la suficiente comida para los conejos. – Le dijo Seth a Ares mientras se desabrochaba los dos primeros botones de la camisa blanca que llevaba puesta.

- ¡Papi! Es que no había muchas matas… Mañana voy más temprano, se lo prometo. – Contestó preocupado Ares. Tenía las cejas arqueadas y su cara le suplicaba piedad.

- ¡Oh! Ya mañana irás más temprano entonces… – Siguió aflojándose los botones de la camisa, esta vez los que estaban situados en las mangas, para luego remangarlas hasta el codo.

- ¡Papi por favor! – dijo llorando Ares.

Su corpulenta figura se dirigió hacia la habitación. No tardó ni un minuto en volver con una chancleta en la mano.
Caminó lentamente hacia el niño.
Ares empezó a temblar y a llorar. Se encogió y metió su cabecita entre las rodillas pidiéndole a gritos que no le diera con la chancleta.

- ¿Por qué lloras?

Azotó el primer golpe seco en la pierna derecha.

-       ¡Los hombres no lloran!

Luego otro golpe en la pierna izquierda.

-       ¡Te digo que dejes de llorar!

Volvió a repetir el golpe.

-       ¡Un hombre de verdad no llora!

Seth, al ver que el niño no cesaba de llorar, se llenó de rabia.
Cogió a Ares de su delgado brazo izquierdo y le dijo que se pusiera
recto, como lo hacían los *"hombres de verdad."*
Los siguientes cuatro golpes fueron uno detrás de otro en la cara del
niño. Sentí cada golpe como si me lo hubiera dado a mí.
Salí de la cocina corriendo, a socorrer a mi hijo. Los chancletazos de
después fueron a parar a mi espalda porque lo cogí entre mis brazos
y no me separé de él hasta que paró.

-       ¡Por tu culpa es que Ares no sirve! ¡Porque lo estás
criando como te criaron a ti! ¡Es débil porque se parece a ti!
¡Por eso es que tu hijo no sirve! ¡Es un inútil!

Salió furioso dando un portazo que hizo temblar *la casa* entera.
Perséfone se había metido dentro de la cuna de Roma para calmar
sus lloros.
Bajé la mirada para ver cómo se encontraba mi pequeño polluelo,

que se negaba a levantar la cabeza.

- ¡Mírame mi amor! ¿Estás bien?

Vi entonces con cara de rabia, tratando de contener el llanto.
Ahí estaba: la forma de la chancleta en la cara de mi hijo.

- ¡Ey! ¡Cariño ya se fue y seguro que tardará un rato en volver! No pasa nada si lloras. Todo va a estar bien…
- No mami. Los hombres de verdad no lloran. – afirmó entre sollozos mi niño secándose las lágrimas.
- No Ares. ¡Eso es mentira! Todo el mundo llora, incluso él.

Pero esa noche Ares no volvió a llorar. Algo en mi hijo había cambiado. O quizás fuera la gota que colmó el vaso.
No sabía que en menos de 24 horas mi Ares sería el responsable de darme el empujón que necesitaba para abandonar esa vida. En menos de un día, mi hijo le diría a su mejor amigo su más íntima confesión y más grande deseo:

"Que cuando sea grande y fuerte, mataría a su padre."

PARTE III
No hay mal que por bien no venga

"Nunca vas a entender cuánto amor me costó dejarte."

- **Frida Kahlo**

Capítulo 20
Próxima estación: Barcelona

Nunca antes había subido en un avión.

Las manos me sudaban y tenía un cosquilleo en la barriga que parecía tener vida propia.

- Tranquilízate – susurró mi hermana Paulina mientras buscábamos el asiento que nos tocaba. – Pronto estarás lejos de todo esto y será como si todo lo malo que viviste hubiese sido un sueño.

Tras mucho discutir con mami, decidí dejarle a cargo a mis 3 tesoros. Lo único que tenía en esta vida.

Ambas sabíamos que sería más fácil encontrar trabajo y ahorrar si venía primero sola.

Para convencerme, mis hermanos me dijeron que muchas otras madres dominicanas también lo habían hecho así y que luego se llevaban a sus hijos. Pero olvidaron mencionar lo mal que se siente cuando tu razón de vivir se encontraba a kilómetros de distancia.

No sabía si los nervios eran porque iba a volar por primera vez o por haber dejado a mis niños en Santo Domingo, cerca del monstruo de su padre.

Habíamos pasado el último año escondiéndonos de él. Un año que vivimos entre la capital y mi pueblo. De allá para acá. Corriendo, inseguros, con miedo...

Un año de calvario. De persecución.

El tiempo necesario para que mis hermanos me ayudaran con el dinero del pasaje hacia lo que sería mi libertad. Nuestra libertad.

- ¡Ya quita esa cara Gea! Que sabes que tus hijos están muy bien cuidados con mami. No hay mejor madre que ella. Ahora céntrate en lo que hay que estar. – añadió Paulina.

Aterricé a Barcelona un 25 de enero del año 1995. ¡Me quedé sin palabras! ¡Qué ciudad más maravillosa!

Lamentablemente, no sabía que, en menos de una semana, en la primera llamada a mi madre, me darían la peor noticia que recibiría en años.

Capítulo 21

Se los llevó a comer helados

Bajé al locutorio a llamar por primera vez a mis hijos. Ya me había instalado en el piso que compartía con tres de mis hermanos y había tenido un par de entrevistas de trabajo.

Todo marchaba bien.

Por fin me sentía segura.

Me sentía libre.

¡Podía caminar por la calle sin miedo a encontrar su cara entre la multitud!

¡Qué paz!

Lo único que necesitaba para completar esa felicidad eran mis muchachitos.

Por eso los 30 segundos que duró el teléfono sonando se me hicieron eternos.

- 	¿Aló? – Escuché a mi madre desde el otro lado del aparato.

- 	¡Mamita linda bendición! ¿Cómo están? ¿Y Ares? ¿Y Perséfone? ¿Y Roma? ¿Cómo están todos mami? ¡Cuénteme! – Estaba tan emocionada que no me di cuenta de que la había batallado a preguntas en cuestión de minutos.

- 	¡Hola hija! ¡Dios te bendiga! ¡Ay que gusto oírte mi niña hermosa! ¡Bien hija! Estamos todos bien. ¿Quieres que te ponga a Ares?

-    Sí mami póngamelo, por favor.

Lloré de entusiasmo y añoranza al escuchar a mi pequeño campeón contarme lo feliz que era viviendo con su abuela. Me dijo que adoptó una perra que había encontrado en la calle, la cual bautizó como Benji. ¡Que hasta dormía con ella para no sentirse solo porque me echaba de menos!

Cuando Ares soltó el teléfono se lo dejó a Perséfone. ¡Oh! Me explicó lo contenta que estaba con su prima Ide y con sus nuevas amigas del colegio.

Lloré. Lloré como una niña.

Mis pequeños estaban bien con mamá. Eso era lo importante.

Y esto es momentáneo.

No hacía más que repetirme esa frase: *"esto es momentáneo."* Necesitaba hacerlo para llenarme de fuerzas y poder continuar estando lejos de ellos.

-    Hija… – Volvió a coger el teléfono Atenea.

-    Mami, ¿Y Roma? Póngamela rápido que se me está a punto de gastar la tarjeta y no tengo dinero para comprar otra.

-    Hija tengo que comentarte algo sobre Roma…

De repente mi corazón empezó a acelerarse. Comencé a imaginar lo peor. ¿Qué le pasó a mi niña?

- Hace unos días vino Seth a ver a sus hijos... Me dijo que quería llevárselos a comer helados en el malecón. Tu sabes que lamentablemente yo no puedo darles esos gustos a mis nietos. Entonces accedí con la condición de que me los devuelva temprano.

- ¿Por qué mami? ¿Por qué dejó que se los llevara? ¿Qué le ha hecho a Roma? ¡Qué le ha hecho!

- No me la ha devuelto... Dijo que se quedaría con ella. Que yo criara a Ares y Perséfone, pero que él no se separaría de su niña jamás.

- ¡No mami no! ¡No me diga eso por favor! ¡Vaya a buscarla! ¡Vaya a buscar a mi niña! ¡Si se queda con ella me la va a matar! ¡Mami por favor! ¡Por favor!

- Mi hija... Fui a buscarla y se opone a devolvérmela. Lo he intentado todo. Me he plantado delante de su casa. Pero él es su papá, y ante la ley, él tiene preferencia. Más que yo. Además, tú nunca lo denunciaste por malos tratos mi reina y no consta su agresión por ningún lado. Lo he intentado mi reina, de verd...

Y se cortó la llamada. La tarjeta se había acabado.

- Lo ha hecho por hacerme daño – le contesté a un teléfono sin interlocutor. – Lo hace para castigarme por haberlo abandonado.

Derramé las últimas lágrimas en la cabina de aquel locutorio del barrio gótico.

De repente un sentimiento esperanzador nació dentro de mi.

Quizás no le haga daño a Roma. Siempre la ha tratado distinto al resto y jamás le ha puesto la mano encima. Es su eterna favorita.

Ese pensamiento fue la mentira que convertí en verdad para poder sobrellevar todo esto. Una mentira que ayudaría a no sentir tanta culpabilidad al saber lo que él era capaz de hacer.

Si en ese momento alguien me hubiese preguntado *"¿qué cambiarías de tu vida?"* mi respuesta hubiese sido *"nada."*

Ni siquiera los años de maltrato al lado del padre de mis hijos, porque me hicieron más fuerte y de esa relación nacieron mis grandes bendiciones.

Pero me equivocaba, y tendrían que pasar cuatro años para percatarme ese gran error. Para que la verdad cayera como un balde de agua fría.

Pasarían cuatro años para que yo cambiara la respuesta a *esa pregunta*.

Pasarían cuatro años para que la vida me devolviera a una Roma con el rostro desfigurado por culpa de una gran paliza. Destruida.

Pasarían cuatro años para reencontrarme con una mirada llena de odio, resentimiento y acusaciones por parte de mi propia hija. Una mirada llena de *¿por qué me dejaste sola mamá?*

Pasarían cuatro años hasta que desvistiera a la niña para ayudarla a bañar y no poder terminar de hacerlo, porque la culpabilidad no me dejaría sostener la esponja que acariciaba todo lo que habitaba en su piel.

Las marcas de mis peores pesadillas hechas realidad. Las múltiples cicatrices de una correa que vivían en su espalda, los moratones causados por los palos de madera que moraban en sus pequeñas costillas.

Pero sin duda, la peor era la marca de la hebilla de esa correa que iba desde la frente hasta la mejilla.

No podía mirarla a la cara.

En esos años pasó de ser su niña mimada a su única víctima.

Después de cuatro años mi respuesta a *esa pregunta* se convertiría en la siguiente:

"Si pudiera cambiar algo de mi vida serían los cuatro años que duré lejos de Roma. Volvería a buscar a mi niña el mismo día que mami me dijo que su padre se la había llevado. Cambiaría esos cuatro años de su vida lejos de mí."

Capítulo 22
Cuatro años

No podía rendirme. No ahora.

Había llegado demasiado lejos y tenía que luchar por mis hijos.

Me deparaban cuatro años donde Seth me dejaría hablar con la niña cuando a él le diera la gana.

Cuatro años donde él engañaría a Roma de muchas formas, una de ellas sería diciendo que los juguetes y la ropa que yo le mandaba, se las había comprado él.

Pero esos detalles materiales no eran importantes.

Porque en esos cuatro años, envenenaría a mi propia hija contra mí.

Cuatro años en los que ella pensaría día tras día, que yo la había abandonado.

Cuatro años de guerra fría con él y con ella.

Cuatro años de oraciones hacia mi pequeña. Hacia mi familia.

Cuatro años de momentos frustrantes, incertidumbre y de preguntas sin respuesta.

Me deparaban cuatro años de soledad, a pesar de estar rodeada de gente.

Pero no todo sería malo.

Me esperaban también cuatro años en los que conocería gente asombrosa. Amigos que durarían toda la vida.

Cuatro años en los que tendría distintos trabajos en los que aprendería mucho.

Cuatro años en los que los lazos familiares con mis hermanos se tornarían irrompibles.

Cuatro años en los que aprendería a bailar y a hacerlo sin miedo.

Cuatro años en los que me daría la oportunidad de conocer a otras personas.

Cuatro años en los que conocería al que sería mi pareja y 10 años más tarde, en el padre de mi cuarta y última hija.

Cuatro años en los que me encargué de quemar a esa mujer que Roma había mandado para la cocina. Para renacer, como el ave Fénix, en una mujer independiente.

Cuatro años en los que ganaría confianza y seguridad como mujer. Toda la que había perdido en manos de un ser despreciable.

Cuatro años en los que edifiqué los pilares de la persona en la que me he convertido hoy.

Cuatro años en los que no necesitaría de un hombre para ahorrar con el fin de traer a mis muchachos.

Me esperaban cuatro años en los que no dependería de nadie. Sólo de mí.

Esa tarde, después de la primera llamada a mis hijos en la cabina de aquel locutorio, había comenzado el conteo regresivo.

Capítulo 23
El regreso

"Abróchense sus cinturones, procedemos al aterrizaje."

Agarré fuertemente la mano de mi pareja; esa sensación de vértigo al descender me angustiaba.

Las ocho horas que duró el vuelo desde Madrid hasta Santo Domingo no pude pegar ojo. Y las turbulencias del de Barcelona hasta Madrid tampoco ayudaron a tranquilizar la ansiedad.

Ni siquiera la noche antes había dormido gran cosa.

La excitación que suponía cumplir una promesa no me dejaba ir a los reinos de Morfeo.

Llevaba en mi cartera dos viajes de ida y cinco de vuelta.

¡Por fin! No podía sentirme más agradecida con la vida y con Dios por permitir hacer mi sueño realidad: volver a buscar a mis hijos.

Y allí me encontraba casi cuatro años más tarde. Diciembre del año 1998.

El aeropuerto de las Américas me recibió con una bocanada de aire caliente propia del indomable Caribe.

Respiré hondo ese aire caliente que tanto había echado de menos.

Retumbaba en mi cabeza ese merengue dominicano que me encantaba bailar: *"Volvió Juanita y dijo que no volvía. Volvió con una maleta, cargada de lejanías."*

Es inexplicable el sentimiento de dicha cuando vuelves a ver a tus seres queridos después de tanto tiempo.

El abrazo puro de mis dos angelitos me dejó sin aliento. La mirada de admiración de Atenea me dejó sin habla. Los *"te hemos echado de menos"* de la gente que quiero me dejó paralizada. Y esa sensación de "este es el lugar donde tengo que estar" es indescriptible.

Felicidad en estado puro.

Sólo las lágrimas y las expresiones pueden demostrar lo que verdaderamente uno siente cuando *vuelve*.

Paulina tenía razón cuando dijo que todo parecería un sueño. O más bien una pesadilla.

Sentí que la vida que había dejado en la isla Quisquella, nunca fue mía.

Parecía el recuerdo de otra persona.

Quizás porque me había convertido en otra persona.

Había regresado.

Y esta vez nada ni nadie podían con la mujer en la que me había convertido.

Capítulo 24
La última pieza del rompecabezas

Duramos un mes entero en Santo Domingo.

Nos quedamos en casa de mi madre. ¡Cómo había añorado el calor y el placer de estar bajo su techo!

Mi entonces pareja se llevaba sumamente bien con la familia y para mí eso era más que suficiente.

Ver como también congeniaba con mis dos hijos mayores me hizo sentir satisfecha y en paz.

Durante ese tiempo, Seth llevó muchas veces a Roma para que la viera, estando él siempre presente. Aunque todas esas visitas eran fugaces.

Nunca permitió que durmiera conmigo. Ni una sola vez.

La niña apenas hablaba y sus miradas hacia mí eran sentencias de muerte.

No le vi ningún golpe ni moratón. Parecía estar bien, pero sabía leer el comportamiento de alguien que estaba siendo maltratado.

Esa agresividad, el comportamiento inseguro, el miedo a hablar...

Sabía perfectamente por lo que estaba pasando.

Como apenas compartía con sus hermanos, no confraternizaba con ellos. Sobre todo con Ares. Había un claro resentimiento por parte de él hacia ella. Resentimiento que duraría años.

Cuando Seth nos premiaba con su presencia, terminaba discutiendo con alguien de la casa. Sino no era conmigo, era con mi madre. Sino era con mi padre, era con mi novio.

En una de esas discusiones soltó: *"Ninguno de ustedes estaba ahí cuando se estaban haciendo los niños"*. Ante esta provocación mi pareja casi le pega, pero entre todos conseguimos detener la pelea.

Aprovechaba cualquier ocasión para intentar hacerme sentir mal. Pero todo quedaba en eso: intentos. Porque sus palabras llenas de odio no ejercían ningún tipo de influencia sobre mí. Ya no.

A pesar de sus ganas de desestabilizarme, mis planes seguían siendo los mismos: volar con los niños y llevarme a Roma a escondidas de él.

Jugaba con un gran punto a mi favor: los niños podían viajar con mi pasaporte español, sin necesidad de que tuvieran uno propio. El padre no tenía que firmar ningún documento.

Estaba todo planeado y bajo control. O eso pensaba yo.

Pero había olvidado lo inteligente que Seth era; lo había subestimado.

La última semana que duré en el país, no llevó a Roma ni una sola vez.

Fui a *la casa* y nadie abría la puerta.

Fui a casa de su madre y no quiso decirme dónde estaban.

Como si la tierra se los hubiese tragado.

Regresé a Barcelona el 24 de enero del 1999, con dos de mis tres hijos, y con una promesa cumplida a medias.

Mi pequeña aún seguía en brazos de su padre.

En ese momento pensé que jamás volvería a tenerla a mi lado. Que ese sería mi castigo por no haber vuelto a por ella cuatro años atrás.

Pero siete meses más tarde recibí una llamada de mami que lo cambiaría todo.

- ¡Gea es urgente! ¡Es ahora o nunca mi hija! ¡Tienes que venir a buscar a tu muchacha ya! La policía acaba de entregármela en la puerta de la casa. ¡Roma ha guiado a los agentes hasta aquí! Siempre ha sido tan inteligente...
- ¿Pero está bien?
- ¡Tú ven a buscarla que es lo que importa!
- Pero mami, dígame, ¿está bien?
- La niña... Bueno, la niña tiene la cara y su cuerpecito...
- ¿Qué le pasa? – dije con voz temblorosa.
- La niña tiene la cara destrozada de los golpes que ese desgraciado le dio. Y el cuerpo también lo tiene muy maltratado. No tiene nada roto, pero... Por favor, ven lo antes posible.

Nada más cerrar el teléfono, metí lo esencial en mi maleta de mano, hablé con mi jefa explicándole la situación, y compré el próximo vuelo con destino Santo Domingo que salía en la mañana del día siguiente.

Iba en busca de la pieza que faltaba para que mi rompecabezas estuviera completo.

El pedazo que necesitaba para llegar a esa estabilidad y felicidad con la que tanto había soñado. Que tanto merecía.

En agosto del año 1999 la vida me enseñó una gran lección. Esa que dice el dicho:

"No hay mal que por bien no venga."

Cuando embarqué al día siguiente dije en voz alta.

"Esa paliza que le diste a mi niña cabrón... ¡Esos golpes! Tú mismo la empujaste hacia mí. Me la devolviste hijo de la gran puta. Me la devolviste."

PARTE IV
Memorias de una niña maltratada

"A menudo en los más oscuros cielos es donde vemos las estrellas más brillantes."

\- **Richard Evans**

"Recordar lo que viví a lo largo de cuatro años estando sola con mi padre para que quede plasmado en este libro, ha sido lo más difícil que hecho.

Y muchos se preguntarán, ¿es necesario que lo cuentes?

Pues la respuesta es sí: es necesario.

Porque los malos tratos y el encierro diario me convirtieron en una especie de animal salvaje que le costaba muchísimo socializar.

Los años al lado de papá fueron duros, pero los siguientes no fueron mucho mejor. Arrastré problemas psicológicos que me acompañaron hasta la adolescencia. Tenía un exceso de falsa confianza que rozaba la prepotencia. Competía con todos y por todo. Desarrollé un odio hacia los hombres que duró una larga temporada.

Pegaba a mis compañeros de clase, a mis amigas y amigos, a mis hermanos, a mis primos y primas... Pegaba a todo el mundo. Los arañazos eran mi marca de identidad. No soportaba que se metieran conmigo y entendía que esa era la única forma de "defenderme".

Por eso es necesario que hable de todo aquello.

Porque no sólo quiero pedir perdón a toda esa gente que les llegué gritar, y a abusar verbal o físicamente. Sino que quiero que entiendan el por qué era tan arisca.

No pretendo justificarme. Nunca lo he hecho y no voy a comenzar a hacerlo ahora.

Pero creo ciegamente, que cuando logras empatizar con alguien y a sentir mínimamente su dolor, en ese preciso instante, entiendes todos sus por qué.

Y cuando llega ese momento de iluminación en el que comprendes, dejas automáticamente de ser ese juez supremo en el que te ha convertido el contexto social. Pasas a ser un poco más humano. Simplemente te preguntas ¿y yo qué habría hecho en su lugar?

Por eso les invito a que se pongan en mis zapatos.

A que sientan lo que sentí. A que miren a través de mis ojos. A través de mi alma.

Les invito a leer las crónicas de lo que fue la etapa más difícil de mi vida."

- Roma

Capítulo 1
El tocador en forma de corazón

- ¡Mira Roma! ¿Te gusta? – Dijo papá entusiasmado.

Quité la venda que cubría mis ojos súper emocionada imaginando qué sería la sorpresa.
¡Salté de alegría al ver todo lo que era!

- ¡Papi! ¡Pintó la habitación rosado! ¡Es mi color preferido!
- ¿Y no viste la cama? Te compré una cama grande junto con un mosquitero rosa para que no te pique ningún bichito.

Subí corriendo a la cama para saltar. Pero papá me detuvo cuando fui a dar el segundo brinco.

- ¡No saltes mucho que puedes hacerte daño! Y sabes que no soportaría que te hicieras el más mínimo rasguño. ¿Sabes por qué jovencita?
- ¡Sí! ¡Sí! ¡Porque soy su princesa!
- ¡Exactamente! Eres mi princesa y la persona que más amo en el mundo entero.

De pronto otra cosa captó mi atención.

- Papi, ¿qué hay debajo de esa sábana blanca? Parece un mueble viejo.

- Oh... ¡Eso! Eso es mi última sorpresa para ti el día de hoy.

Me brillaban los ojos; sabía que nada podía salir mal.

- ¡Taran! – dijo a la vez que quitaba la sábana.

- ¡Es un tocador con forma de corazón! ¡El que vimos el otro día en la tienda!

- ¡Sí! ¿Te gusta?

- ¡Me encanta! ¡Soy la niña más feliz de todo el Universo entero!

- ¿Te acuerdas cómo llegar a la tienda desde casa?

- Mmm... Más o menos. – dije mientras acariciaba el mueble de madera.

- ¿Más o menos? – se estaba enfadando.

- ¡Sí papi! ¡Seguro que sí que sé llegar! – afirmé convencida.

Él comenzaba a impacientarse.

- Ahora vamos a coger el carro e ir hasta la tienda y tú me vas a guiar. Espero por tu bien, señorita, que sepas llegar.

- Estoy casi al…

- ¡Casi no! – me cortó- ¡Casi no existe! ¡Tienes 6 años Roma! ¡Tienes que saber cómo llegar a casa por si te secuestran! ¡por si tu mamá viniera a por ti!

- Sí papá…

No quería llorar porque lo tenía prohibido, pero inevitablemente se me aguaron los ojos.

- ¿Y tú quieres que tu mamá te lleve?

- No papá.

- ¿Me quieres dejar solo?

- No papi, ¡yo nunca le dejaría solo!

- ¿Me lo prometes?

- Sí, se lo prometo.

- ¡No sé cuántas veces te lo tengo que repetir! Tu mamá se fue y nos abandonó. Tenemos que cuidarnos y estar al tanto de cualquier movimiento raro. No puedes fiarte de nadie, porque quizás tiene aliados donde menos lo imaginemos. ¡Está bien! Vamos a la tienda ¿ok?

Me cogió en brazos y cuando me besó en la mejilla, juró que siempre estaríamos juntos. Pasara lo que pasara. Hasta el día de nuestras muertes.

Capítulo 2
Entre buenas notas y expulsiones

Ahí estaba yo, en el despacho de la directora del colegio con papá. Aterrada y súper nerviosa porque lo habían llamado debido a una pelea que tuve con una niña. Otra vez.

Si la *estúpida* de mi compañera me hubiera devuelto el bolígrafo que le presté la primera vez que se lo pedí, no le habría pegado, y yo no estaría en esta situación.

Todo era culpa de ella, o eso pensaba. Juré que cuando la encontrara en el recreo acabaría lo que había empezado.

- .Licenciado Suárez, su hija se comporta muy mal. Les ha pegado a todos los niños del salón y no podemos seguir permitiéndolo. ¡Ni uno se le salva! Tal y como le hicimos saber en la última reunión, vamos a proceder expulsarla de este colegio. – sentenció firmemente la directora.

- ¡Oh! Y ya que estamos reunidos directora, ¿podría decirme qué tal va mi hija en las notas? – dijo papi.

- En ese aspecto Roma no tiene problema alguno, todo lo contrario, tiene un promedio de 100 en todas sus asignaciones.

- ¿Es la número uno de la clase?

- Sí. Es muy inteligente. La más lista del salón, habíamos pensado hasta en adelantarla un curso, pero no podemos pasar por alto su comportamiento, como usted comprenderá.

- Entonces, ustedes están echando de su institución a la alumna más aventajada solo porque le dio a una chamaquita que seguro le hizo algo primero.

- ¡Le ha desfigurado la cara prácticamente! ¡Está toda arañada la pobre muchacha! Seguro le quedará marca… Además, esa no es la filosofía que tenemos en esta escuela y déjeme decirle que su hija es muy agresiva.

- ¿Ya averiguó qué le hizo esa alumna a Roma?

- Licenciado, no vamos a…

- ¿Sabe qué? – cortó papá – Mejor así. Mi hija tiene un cerebro demasiado grande, igual que el mío, cómo para estar aquí perdiendo el tiempo con usted y su ridículo centro. Gracias por su tiempo directora, que le vaya bien el día.

Sentí como con una mano me agarraba fuertemente el brazo y con la otra cogía mi mochila.
Caminamos rápido hasta el carro. Tanto, que tropecé varias veces.
Una vez dentro le supliqué:

- Papi, lo siento. Prometo intentar no volver a pelear.

- ¡No! Roma escúchame bien lo que te voy a decir. ¡Tú lo has hecho bien! ¡Lo has hecho de 100! La vida funciona así. Si esa chamaquita te pega, te provoca o te dice algo tu le pegas más duro todavía y hasta agarras una piedra y se la estrellas en la cabeza. ¡Nunca jamás te dejes pisotear por nadie! ¡Nadie quiere decir nadie! ¡Si ella quiere venir a hablarte mierda tú le rompes la boca! Y si tengo que cambiarte 20 veces de colegio te cambio 20 veces, siempre y cuando tú seas la que gane. Hoy me he sentido muy orgulloso de ti. No solo eres la más inteligente de clase, sino que también eres la que más duro da. ¿Sabes qué?

- 	¿Qué? – dije sorprendida.

- 	Cuando iba entrando al colegio, vi a la niña con la cara arañada y supe que habías sido tú. Y me alegré tanto de que quien tuviera el rostro así fuera ella y no mi princesa, que creo que me reí delante de su madre. ¡Jajajajajajaja! ¡Tendrías que haberle visto la cara! Me quería matar con la mirada esa buena estúpida.

- 	¿De verdad se sintió orgulloso?

- 	Sí mi princesa. Siempre y cuando tú seas la número uno. Siempre estaré orgulloso de ti. Recuerda que el segundo es el primer perdedor y eso de que "lo importante es participar" lo inventaron los perdedores. ¿Y tú eres una perdedora?

- 	¡No!

- 	¡Exactamente! Recuerda. Si te dan, tu das más duro. Nunca te me dejes dar de nadie ¿ok?

- 	Está bien papi.

- 	¿Me lo prometes?

- 	¡Se lo prometo! – chillé felizmente porque esta vez no habría castigo.

- Prométeme otra cosa… Prométeme que siempre serás fuerte. Siempre. Pase lo que pase serás una persona valiente que jamás decaerá ante las opiniones de nadie. Que seguirás hacia adelante cuando alguien te quiera ver caer. Que te levantarás cuando la vida te de golpes y que pisotearás a quién te intente hacer sentir inferior. Porque serás grande… ¡Más grande de lo que jamás seré yo! Quiero que estés segura de ti misma y de tus decisiones. Porque la fortaleza es la clave de la supervivencia. La clave del éxito. Júramelo pequeña, júrame que serás fuerte.

Sacó el meñique para que el juramento quedara sellado para la eternidad.

- ¡Se lo súper juro! – grité mientras apretábamos nuestros dedos mirándonos fijamente a los ojos.

En ese momento no entendí las dimensiones de lo que significaban esas palabras, pero soñaría cientos de veces en mi adolescencia con esa conversación.
Y al terminar de cada sueño, se lo juraría con el mismo entusiasmo que lo hice aquella tarde.

Capítulo 3
La tarántula sacrificada

Los rayos del Sol entraban por la ventana que estaba al lado de mi enorme cama.

Hoy era sábado y papá trabajaba hasta medio día, así que podía quedarme un ratito más holgazaneando.

No quería abrir los ojos porque pensaba que, si lo hacía, el poco sueño que aún quedaba saldría corriendo de mis párpados, pero un cosquilleo me obligó a hacerlo...

Quedé paralizada del miedo.

Mi habitación de paredes rosadas parecía la escena de una de las novelas de Stephen King.

¡Había cientos de tarántulas diminutas por todas partes! Encima de mis piernas, de mis brazos, de mi pelo... ¡de mi cara!

Esa noche había olvidado poner el mosquitero y cientos de tarántulas habían colonizado mi cuarto.

Aparté los arácnidos dando manotazos y gritando desesperadamente.

Cuando creí que me había deshecho de los seres que caminaban libremente por mi cuerpo, fui corriendo hasta la puerta de la entrada, rogando que papá la hubiera dejado abierta igual que el sábado anterior. Afortunadamente así fue.

Mirara dónde mirara, allí estaban: en la cocina, en la pecera y ¡hasta por donde estaban los periquitos!

Al abrir la puerta de hierro, quedé petrificada una vez más: la madre de todas esas arañitas que habían decidido invadir *mi casa* yacía sin vida allí delante.

Estaba muerta.

Me agaché hasta estar a menos de un palmo de la criatura moribunda y evidentemente confirmé mis sospechas: sus hijos se la estaban comiendo.

"¡Qué asco!" dije en voz alta, *"¡Comerte a tu propia madre!"*

Después de hacer aquella radiografía, subí rápido las escaleras para ir a buscar a la vecina. No podía apoyarme en las paredes porque estaba plagado de esos diminutos asesinos de madres.

- ¡Germania! ¡Venga corriendo! ¡Estoy rodeada de cacatas! – le chillé.

Vino rápido a mi auxilio y empezó a matar las arañas con una escoba.

En ese momento me pareció todo un caballero andante; de esos que salen en los libros del colegio.

Yo jugaba el rol de la princesa encerrada en *su castillo* y las cacatas eran mis enemigas. ¡Menos mal que las puertas de *mi palacio* estaban abiertas hoy, si no, no sé cómo las habría matado!

"Ojalá fuera mi madre el caballero que me salvara de las arañas." – dije para mis adentros.

Entonces me dirigí una vez más hacia mamá tarántula antes de que Germania la aplastara también. Ahí estaba: asesinada por sus propias crías.

Después de aquella horrible experiencia, pasaría mucho tiempo hasta que volviera a ver una araña sin entrar en pánico.
Concretamente 10 años después.
No necesité terapia para superar el trauma, tampoco hablarlo con mamá. Solo ver un documental en 'La 2' que hablaba sobre distintos tipos de arácnidos, y entre ellos se hallaban las tarántulas.
Explicaba que las madres se sacrificaban para ser el primer bocado de sus crías. Para que fueran más fuertes a la hora de enfrentar las dificultades que el mundo les pondría.
Entonces lo entendí: ¡No la mataron! Ella dio su vida por ellos; y eso es...: poéticamente hermoso.

Capítulo 4
Tu madre no te quiere

- Buenos días princesa, ¿cómo amaneciste? – preguntó feliz papá.
- Bien pa. Con mucho sueño.

Caminé arrastrando los pies hasta sentarme en la silla del comedor en la galería. Un plato de cereales de colores con leche me esperaba. ¡Mis favoritos!

- Son los que más te gustan ¿verdad?
- Si papi. ¡Me encantan! Muchas gracias.
- De nada mi princesa. Oye, déjame verte la manito a ver cómo sigue.

Dejé la cuchara en el plato y subí la mirada tímidamente hasta encontrarme con la suya.
De pronto, agarró mis manos de forma brusca.

- ¿Cuál fue?
- Éste – Dije mostrándole el dedo meñique de la mano derecha. Habían pasado dos días y seguía con sangre incrustada dentro de la uña.

Suspiró mientras observaba detenidamente ambas manos.

-      Roma quiero que entiendas que esto lo hago por tu bien, que no quiero que tengas absolutamente nada de esa mujer. Que ella no tiene derecho de que te parezcas a ella. ¡No lo tiene!

Un silencio absoluto invadió la galería.
Se levantó molesto y empezó a dar vueltas detrás de mí.
Estaba comenzando a enfadarse.

-      Roma, ¿ella te ha llamado?

-      No.

-      ¿Ha venido a buscarte para llevarte a España?

-      No.

-      ¿Te manda juguetes y ropa para Navidad o por tu cumpleaños?

-      No.

-      ¿Te paga el colegio o te manda dinero?

-      No.

-      ¿Crees que una buena madre abandonaría a sus hijos para irse a hacer quién sabe qué en la otra punta del planeta?

-      No.

-      ¿Crees que te quiere o que te ha querido alguna vez? ¿O a tus hermanos?

-      No... – repetí tristemente acompañado de un suspiro.
No hacía cinco minutos que había despertado y ya quería

llorar.

Se acercó por la espalda hasta susurrarme al oído:

- Entonces no puedes parecerte a alguien que no te quiere, ¿lo entiendes ahora?
- Sí.

Silencio.
Volvió a sostenerme las manos, pero en esta ocasión las acariciaba dulcemente.

- Haremos una cosa. La próxima vez que *juguemos a elegir un dedo* te dejaré escoger a ti, ¿ok?

Asentí.

- ¡Y quita esa cara! Te prometo que, si veo algo más de ella en ti, lo arrancaré con todas mis fuerzas. Por tu bien, por nuestro bien.

Acarició mi rostro despacio en tono amenazante.

- Porque el daño en verdad me lo haces tú a mí. Porque cada vez veo que vas pareciéndote más a ella, y eso me duele. ¡Recordarla me duele! ¡Su abandono me duele! ¡Conmigo lo tenía todo! Una casa, una familia, un hogar, un buen marido… ¡Pero prefirió irse porque es una mala mujer! ¡Una zorra!

Sostuvo mi cara entre sus grandes manos y la acercó hasta la suya.

-      Y al parecerte a ella me estás demostrando que no me quieres.
-      Pero yo si lo quiero papá.
-      ¿De verdad me quieres?
-      De verdad que sí.

Sentía su respiración penetrarme la piel.

-      ¿Soy la única persona a la que quieres?
-      Sí.
-      ¿Estás segura?
-      Segurísima. – Mentí.
-      Entonces deja de parecerte a ella. Es más…

Sonreía antes de seguir con su monólogo.

-      ¿Sabes lo que es tu mamá? Una azarosa y una maldita que no merece respeto.

Bajé la mirada al suelo.

-      ¿Qué es lo que es tu mamá Roma?

Respiré hondo.

- Mami es una azarosa… – no pude evitar detenerme.
- ¿Y qué más?
- Mami es una azarosa y una… -tragué saliva - una maldita que no merece respeto.
- Ahora dímelo mirándome a los ojos y todo seguido. ¡Con firmeza y seguridad!

Tragué otra vez y levanté la mirada para encontrarme con sus oscuros ojos.

- Mami es una azarosa y una maldita que no merece respeto. – contesté.
¿De verdad era mi mamá todo eso? ¿De verdad no me quería? ¿De verdad me abandonó? La señora que viene a verme a escondidas cuando él se va a trabajar, esa que dice que es mi abuela, no afirmaba lo mismo.

- Hablando de mujeres malditas… Termínate los cereales que vamos a comer a casa de mi madre.

Empecé por fin a comer mientras veía cómo él se ponía una camisa azul celeste. En el penúltimo botón se percató de que lo estaba observando y me preguntó:

-        ¿Te gusta cómo me queda princesa?

-        Le queda muy elegante. – respondí con la boca aún medio llena.

Había acabado con los cereales y me dirigía rápido a la cocina para lavar el plato y dejarlo escurriendo. Como siempre. Esas eran las normas: tenía que mantener la casa arreglada.
Cuando iba a atravesar el umbral de la puerta que conectaba la galería con la sala, advertí cómo sus fuertes manos agarraron mi brazo y lo apretaron con fuerza.

-        Le pido a Dios y a mis santos todos los días que ojalá no te parezcas jamás a tu madre Gea ni a tu abuela Hibris. Ese sería mi peor castigo. Ver a las dos rameras más grandes reflejadas en la cara de mi dulce niña. Prométeme que pondrás de tu parte para evitar esos genes que llevas por dentro de ellas.

Estas conversaciones se habían convertido en rutina, así que empecé a interiorizarlas como tal.

-        Lo prometo papá.

-        Muy bien campeona. Ahora vete a arreglar y ponte bonita que el tiempo corre.

Obedecí, como de costumbre.

Pero la vida da muchas vueltas, suele ser irónica, y sobretodo, extremadamente caprichosa.

Así que, ¿quién diría que el peor castigo de papá se haría realidad años más tarde? Cuando me convirtiera en una mujer y resultara ser un híbrido entre estas dos mujeres.

Para su desgracia, el futuro me obsequiaría con el curvilíneo y atractivo cuerpo de su madre; y con la carita risueña de la mía.

El destino pensaba castigarlo cada vez que viera el rostro de su dulce niña y encontrara la combinación de sus dos enemigas más grandes; las mujeres que más odiaba. Las que más daño le habían hecho. Las que, según su sentencia, merecían estar muertas.

Afortunadamente para él, jamás recibiría tal condena, porque para el momento en el que llegara a convertirme en la mujer que soy hoy, él ya estaría muerto.

Capítulo 5
Ahogada

Ni si quiera me percaté del momento en el que cometí aquél gran error.

De no haber contestado lo que tenía que decir en el instante que las tías de papá preguntaron delante de él si echaba de menos a mi madre.

Enmudecí, levanté los hombros como diciendo "me da igual" y seguí jugando con las muñecas mariapalitos que acababan de obsequiarme.

Debí imaginar que algo malo iba a pasar cuando en el camino de vuelta a casa, no dijo ni una sola palabra mientras conducía. Y papi hablaba continuamente cuando iba al volante.

Ordenaba que me fijara en todo mi alrededor; a estar atenta siempre.

Ese era nuestro juego, nuestro entreno: tenía que memorizar todos los caminos que conducían a nuestro hogar.

Debía saber volver a *casa* desde la vivienda de cualquier familiar, desde el supermercado o desde el restaurante chino que solíamos visitar.

Pero esa tarde no hubo entreno.

Bajaba las escaleras de *casa* con mis muñecas en las manos, cuando de repente, un fuerte empujón hizo que cayera rodando escalones abajo.

La sangre había empezado a aparecer en las raspaduras de las rodillas y los codos.

Me levanté aturdida por culpa del batacazo, y cuando quise dar la vuelta, sentí su robusta mano agarrando mi delgado brazo.

Fijó su mirada en mí antes de empujarme con todas sus fuerzas contra la pared, y cuando estuve a punto de caer al suelo por la gravedad, me agarró del cuello con su mano diestra.

Sosteniéndome en el aire.

Ahogándome.

Las lágrimas caían; empecé a enrojecer. Las venas ganaban cada vez más protagonismo; parecían que fueran a explotar.

Cuando creí que estaba a punto de morir asfixiada, me soltó.

Intentar recuperar la respiración me costó unos minutos. Minutos que él se quedó mirándome con desprecio.

Mis manos y mis rodillas acabaron apoyadas en el suelo. Vi las muñecas de plástico a lo lejos y preguntándome qué había hecho ahora.

Pareció leerme la mente.

- ¡Entonces echas de menos a tu madre!

Dijo finalmente con tono de indignación y furia. Mi cara de sorpresa pareció sacarle de sus casillas.

- Entonces yo tengo todos estos años sacrificándome por ti para que vengas a avergonzarme delante de mis tías. ¡Para que venga una maldita huérfana de madre a humillarme! Te doy de comer y te cuido, ¿para qué? ¡Dímelo para qué!

Sus gritos cada vez más altos me atravesaban el cráneo. Retrocedí arrastrándome por el piso hasta llegar a la pared al tiempo que lo miraba aterrorizada.

- ¿Qué pasa por tu cabeza ahora Roma?

Puse una mano en el cuello y otra en el pecho para decirle prácticamente sin voz:

- Pa... No. Puedo. Respirar. –imploraba piedad.

Empezó a sonreír. El miedo se apoderaba de mí porque reconocía esa sonrisa; lo que significaba, lo que deparaba.
Esa sonrisa dio paso a carcajadas. Carcajadas propias de una persona mentalmente desequilibrada. Hasta que de repente todo quedó en silencio.

- Te voy a contar un secreto princesa.

El miedo crecía.

- Yo también echo de menos a tu mamita.

Aumentaba por segundos.

- Sobretodo extraño hacerle ciertas cosas.

Empecé a temblar; no podía apartar la mirada de él.

- ¡Así que acabo de tener una grandísima idea!

Sus ojos cambiaron, creí ver fuego en su mirada.

- Voy a hacerte algo que le solía hacer a tu preciosa madre y que ya te he hecho alguna vez... – susurró. - ¿Quieres?

Me mordí los labios y negué con la cabeza. No quería gritar... Eso sería peor. Sentía todo mi cuerpo arder; como si de me estuvieran quemando viva.

- ¿Quieres saber de verdad qué se siente cuando no puedes respirar?

Escondí la cabeza entre las rodillas y tapé las orejas con las manos, pero para mi desgracia, aún podía oír sus pasos acercarse en son amenazante.

Me garró del pelo hasta conseguir ponerme de rodillas y arrastró mi endeble cuerpo hasta el tanque que estaba lleno de agua, sin importarle cómo raspaba el suelo mis piernas.
Hacía unos días había dedicado toda una tarde en alimentar con migajas de pan a los renacuajos que vivían en el bidón que era mucho más grande que yo.
Hoy mi cuerpo se encontraba totalmente sumergido en él.
Sin poder respirar. Ahogándome. Con mi padre sacando mi cabeza cada 15 segundos tirándome de los cabellos. Como si para él mi vida fuese un juego.

No recuerdo cómo terminó aquella noche, porque entre zambullidos perdí el conocimiento.
Igual que muchas otras noches. Muchas más de las que me gustaría recordar.

Capítulo 6
La comida entre las rejas

Me hallaba completamente inmersa en un triste trance mientras la mecedora hacía su función.

Hacia adelante, hacia atrás.

Hacia adelante, hacia atrás.

Veía a mi perro Clyde desde la galería, pero no lo miraba.

Oía al cuarteto de periquitos cantar, pero no los escuchaba.

Esta mañana el espejo me había enseñado las nuevas razones por las cuales faltaría al colegio otra semana más: las manos de papi estaban tatuadas en mi cuello.

Si solo me hubiese hecho los raspones de las rodillas y los brazos al tirarme por las escaleras, habría pasado desapercibida.

¡Pero no! ¡Tuvo que ahogarme en el sucio tanque de agua!

Esa semana la profesora dijo que explicaría cómo era el mamífero más grande de la Tierra y me lo iba a perder... Así que imaginaba cómo sería aquél gran animal.

Clyde empezó a ladrar con más fuerza y a querer soltarse de sus cadenas, pero no le presté mucha atención. Estaba demasiado adolorida como para moverme.

- Roma...

Sentí una voz entre susurro y grito decir mi nombre.

- Roma... ¿Estás despierta? Son casi las 12 del mediodía.

¿Era ella? ¿O me lo estaba imaginando?

- Roma mi hija, ¿estás aquí? ¡Te traje comida!

¡Sí! ¡Era ella!

Pegué un salto y sentí como mi alma volvía al cuerpo, cómo el dolor se esfumaba del entusiasmo.

Abrí la puerta de madera de la entrada, pero aún nos separaba la otra de hierro que tenía el candado puesto.

¡Allí estaba ella! Mi abuela Atenea.

Recuerdo que durante las primeras visitas no quería aceptar su comida, pero terminó por convencerme. Bueno, y el hambre de pasar días sin probar bocado.

Estaba con sus mismas pintas de siempre: una falda larga negra y una blusa blanca.

Su pelo que había sido negro hacía ya muchos años, estaba recogido en un moño.

Iba acompañada de una muchacha bonita de pelo oscuro que seguro era una de mis tantas primas las cuales no conocía. O quizás no recordaba.

- ¡Mi muchacha plagosa! ¿Cómo estás?

- Bien Atenea, ¿qué me trajo de comer hoy?

- Te traje un arrocito blanco, con carne de res guisada y habichuelas.

- ¡Que rico!

Tomé asiento en el suelo a esperar que Atenea pasara los dos finos tupers entre las rejas.

¡Estaba hambrienta!

Ella y su acompañante se sentaron en el piso al otro lado de la puerta.

La miré con cara de felicidad y desconfianza al mismo tiempo.

Lo que sentía por ella era una mezcla extraña de emociones.

Papi hablaba barbaridades sobre ella. Que era una bruja y una mala persona. Que, por culpa de ella, mi familia se había roto.

Pero es que no parecía una bruja. Por lo menos no una mala de esas que comía niños.

Por el contrario, parecía preocuparse por mí.

Cuando venía, siempre traía comida y esperaba a que me la terminara toda para irse *"con el corazón en calma"*, como solía decir. Bueno, y para llevarse el tuper, la cuchara y ver que no me hubiese ensuciado. Para borrar las evidencias de su visita.

Sabía que era bastante pobre por cómo iba vestida y por la casa donde vivía con mis hermanos y mis primas. Sin embargo, siempre tenía dinero para traerme un dulce o unas papitas.

A pesar de no tener dinero, se le veía muy satisfecha con su vida.

Me caía bien.

Por eso nunca le conté a papá sobre sus visitas clandestinas.

No había dado aún el segundo bocado, cuando al acariciarme las rodillas a través de la verja, me dijo:

- Mi hija, hablé con tu mamá. Dice que te quiere un montón y que te menciona mucho en sus oraciones.

- Mi mamá es una azarosa Atenea.

- ¡No digas eso muchacha! Arrepiéntete, porque Dios puede castigarte por decir eso del ser que te dio la vida.

- ¡Pero me abandonó aquí!

- Al único que abandonó fue a tu padre, no a ustedes. Ella vive por y para sus hijos. Por eso está trabajando en España. Para que cuando consiga el dinero, todos vivan juntos y felices ¡tú verás!

- No lo creo. Además, yo no quiero dejar a papi solo... Se sentiría muy mal.

- ¿Cómo puedes querer a alguien que te encierra y te deja marcas como la que tienes en el cuello?

- Porque es mi padre. Él es la única persona que me cuida, me quiere y me protege.

- Yo también te podría cuidar, y después de Gea, me atrevería a afirmar que soy la persona que más te ama en este mundo.

-      Tampoco creo eso. Dice papi que usted es pobre, y que los pobres no pueden criar bien a sus hijos.

-      ¿Crees que para criar con amor a un niño se necesita dinero?

-      Sí. Eso dice papá.

-      Seth se equivoca. – dejó escapar un suspiro - La felicidad es un plato de comida que te pasa una pobre vieja entre medio de las rejas. Porque te está dando todo lo que tiene, a cambio de verte bien y contenta. ¿Lo entiendes?

-      Sí. – Contesté sonriendo.

Y lo entendí.
Porque las visitas de esa vieja me devolvían la alegría por un rato.
Cuando me confirmaba el día y la hora que iba a volver,
cronometraba el tiempo y esperaba con ansias la cita.
Además, me gustaba cómo me miraba y cómo me hacía sentir.
También me agradaba cuando hablaba de mamá, aunque intentase disimularlo.
Atenea era lo más parecido a una madre.

-      ¿Y mis hermanos? – animé a preguntar.

-      Están bien, ahí anda Ares para arriba y para abajo con su perrita Benji. Y Perséfone jugando con sus amiguitas de la casa de abajo.

¡Qué envidia! Yo no tenía amigas.

Pensé un buen rato antes de hacerle la siguiente pregunta.

- ¿Y mami cuándo va a venir? Aunque sea a visitarnos...
- ¡Muy pronto! – contestó entre carcajadas. Los ojos le brillaban de felicidad, de esperanza. - Pero será una sorpresa. Shhh...

Aunque intenté no sonreír, mis ojos brillaron también.
¡Por fin la iba a conocer!
Fantaseaba con su llegada muchísimas veces. Era uno de mis juegos favoritos. O simplemente imaginar su cara.
Las pocas fotos que papi aún conservaba de ella estaban escondidas en un cajón que una vez encontré por accidente. Recuerdo que me pareció la mujer más bella del mundo.
Su piel era blanca y sus cabellos largos, marrones y lisos. Parecía una de esas princesas europeas.

- ¿Está buena la comida?
- Está buenísima. – dije con la boca llena.

Sus manos llegaron hasta mis cabellos.

- ¿Quién te peina Roma?
- A veces Germania, otras veces la novia de papá.
- ¿Quién es la novia de tu papá?
- Se llama María.
- ¿Y duerme aquí?

-        Algunas veces. Aunque últimamente no la veo por aquí.

-        ¿Y te gusta María?

-        Bueno, está bien. A veces me gusta y a veces no.

-        ¿Qué hace para que no te guste?

-        Pues peinarme y que hace enfadar a papá. Lo enoja muchísimo y...

Fruncí el ceño antes de callar en seco.

-        Puedes confiar en mi Roma. No se lo voy a decir a tu papá.

La miré con recelo mientras daba otra cucharada.

-        A ver Roma, si le digo lo que cuentas sabrá que he estado aquí, y me hará la vida imposible. Dejará de llevarte de vez en cuando a ver a tus hermanos y no podré visitarte más. Y yo no quiero eso. ¿De acuerdo?

Asentí.

-        ¿Entonces? – Insistió.

-        Pues que a veces, los enojos que tiene con ella los termina pagando conmigo. Y eso no es justo.

Continuaba acariciándome el pelo.

-   Eres una niña buena y fuerte. ¿Oras todas las noches?

-   No he orado nunca porque no sé cómo hacerlo.

-   Pues cuando estés muy muy triste, ruégale a Dios que se te pase rápido esa melancolía. Pídele también aquello que más deseas. Y cuando termines, di la palabra amén.

-   ¿Cómo una estrella fugaz o un genio de la lámpara?

-   Más o menos, pero con problemas de verdad. No con vainas de muñequitos. Pídele lo que tu corazón desee y sea bueno para ti.

-   Probaré.

Su mano bajó ligeramente hasta llegar al cuello. Hasta acariciar mis más recientes marcas.

-   ¿Quieres contarme cómo te hizo esto?

Duré unos minutos sin responder, hasta que por fin señalé el tanque que estaba un poco más atrás de donde ellas estaban sentadas.

-   ¿Qué le pasa al tinaco?

-   Lo del cuello... – tragué- Lo del cuello me lo hizo cuando me ahogaba en el tanque de agua. Fue anoche, creo que me desmallé porque no recuerdo haber ido a dormir.

Apartó súbitamente la mano para llevársela hasta la boca. Ahogando el grito al tiempo que me observaba aterrorizada.

Le pasé el tuper vacío.

- Hoy no te traje un dulce, te traje un refresco de uva. Tu favorito. ¿Te parece bien?

Di mi aprobación con la cabeza y alargué el brazo para cogerlo.

- Mi pequeña Roma. Eres la niña más fuerte que conozco. Desde aquel día que casi mueres a pocas horas de nacer en mis brazos, hasta hoy con todo lo que vives día tras día con este maldito.

En ese momento no tenía ni idea a lo que se refería, pero me gustaba escucharle decir que era la niña más fuerte.

- Ten paciencia mi hija, que como dice el santo libro: *"El tiempo de Dios es perfecto."*

Y vaya si lo era.

Capítulo 7

Mis mejores amigos

Bonnie fue la última en unirse a la pandilla.

Era una pequeña perrita de color marrón chocolate.

Papá decía que era una de los cachorros que tuvo la perra de la vecina del final de la calle. Doña Rosa: la de la mansión enorme con una piscina aún más grande.

¡Amaba ir a jugar a ese lugar!

Había una casa de muñecas del tamaño de nosotros y nos dejaban bañarnos en la piscina.

Pero no iba tantas veces como me habría gustado, ya que sólo lo hacía cuando los nietos de Doña Rosa la visitaban. Y para nuestra desgracia, no era tan a menudo.

Sabía que Bonnie era un regalo de compensación, porque la última vez que jugamos a *elegir un dedo* no controló su fuerza, y no pude escribir durante unos días.

Amé a Bonnie desde que la tuve en los brazos por primera vez.

Sin embargo, a Clyde no pareció hacerle mucha gracia su llegada.

Pero no pasaba nada, ya se acostumbraría.

Le enseñé a mi nueva amiga toda *la casa*.

Y por supuesto, le presenté al resto del grupo.

Primero fui hacia los periquitos.

- Mira Bonnie. Ellos son Azul y Verde. – le expliqué
señalando una jaula – Y estos otros dos, son Amarillo y Rojo
– apuntando a la jaula que se encontraba justo al lado.

Bonnie me miró extrañada; como si no entendiera nada de lo que le
estaba diciendo.

- Sí, ya sé lo que estás pensando... ¿Por qué se llama
Rojo si es de color verde también? Pues si te fijas en su colita
tiene una pluma roja. Además, no podía llamar a los dos
Verdes. ¡Sería poco creativo!

Bonnie seguía observándome cautivada por la explicación.

- Ellos son los Peces de Colores. – Le dije poniendo su
cara en el cristal de la pecera llena de pececillos tropicales –
Estos no tienen nombre en particular porque son
demasiados y además se mueren a menudo. Cada semana
tenemos por lo menos, dos bajas. Así que los hemos
bautizado con un nombre en conjunto: Peces de Colores.
¿Qué te parece?

Bonnie continuaba mirándome cada vez más perpleja.

- Lo sé: es fantástico. Fue idea mía... Aunque Clyde
también participó en la elección.

Volví corriendo hasta la galería para enseñarle la jaula más grande.

-       Mira Bonnie. Ella es… ¡Bueno! Aún tenemos que ponerle nombre, porque no sé si nos la vamos a quedar. Creo que es de un amigo de papi y se la está cuidando, pero hay un 70% de probabilidades que también forme parte de la pandilla. Yo de momento le he puesto Lola que es el único nombre que dice.

Lola era una cotorra de color rojo fuego, preciosa y enorme. ¡Oh! Y muy ruidosa. Después de su llegada no me sentía tan sola.
A Bonnie no le gustó mucho Lola porque fue el único momento que ladró.
Su ladrido hizo que Clyde lo hiciera también, y ella se calló. Seguro que en el lenguaje de perros Clyde le habría ordenado que cerrara el hocico. En plan macho alfa imponiendo autoridad.

-       ¡Oh! Y te presento a Clyde, aunque él mismo acaba de hacerlo. ¡Maleducado!

Gracias a Dios que papi amarraba a Clyde con una cadena, porque se abalanzó sobre mí con ganas de matar a Bonnie a mordiscos. ¡Nunca lo había visto reaccionar así! ¡Parecía rabioso!

-       ¡Clyde cálmate! ¿Así te presentas a la que será tu futura esposa? Tienes que ser bueno con ella, sino no te va a querer. – le reclamé.

Llevé a Bonnie otra vez a la galería y la amarré con la cadena que papá le había preparado.

- ¡No le des importancia a Clyde! – le susurré- Es un pastor alemán mezclado con dóberman, lo que quiere decir que está medio loco. Así que no se lo tengas en cuenta ¿Ok? En el fondo es todo un caballero y muy obediente.

Fui corriendo a buscar trapos viejos para hacerle una cama donde dormir.

La familia crecía y eso me encantaba.

Ya éramos: 4 periquitos, dos perros, un acuario lleno de Peces de Colores, y una cotorra.

Simpatizaba más con los animales que con los niños del colegio.

Por eso me sentí sumamente identificada, cuando años más tarde escuché por primera vez la frase: *"cuanto más conozco a las personas, más quiero a mi perro."*

En mis años de tristeza, soledad y encierro, esos animales se convirtieron en mis más fieles, leales e inigualables amigos.

Fueron los que escucharon mis más de mil historias inventadas.

Fueron los únicos espectadores y jueces de mis excéntricos bailes sin música.

Fueron los que me ayudaron muchas veces a estudiar para algún examen, aunque no fueran precisamente los mejores profesores.

Fueron los que me lamían cuando sabían que estaba triste y los que
se dejaban abrazar cuando necesitaba cariño.

Fueron los que pasaron hambre conmigo y con los que compartía
comida.

Compartíamos secretos.

Compartíamos llantos.

Compartíamos dolor.

Compartíamos cárcel.

Ellos fueron mis únicos amigos.

Sobretodo tú Clyde: tú fuiste el mejor de todos.

El que intentó defenderme el día de la gran paliza. Esa que fue por
culpa de un helado y de un dulce tres leches.

Gracias por ladrar y por tratar de protegerme.

Por ser tan valiente.

Por ser el mejor amigo que un ser humano puede tener.

Siempre fuiste mi favorito.

Capítulo 8

La pecera

Los Peces de Colores tenían hambre. ¿Cuántos días llevarían sin probar bocado? ¿Tres? ¿Cuatro?

Una de mis tareas era dar de comer a mi pandilla, pero, ¿cómo iba a hacerlas si no tenía sus respectivos alimentos?

Abrí la nevera y lo único que encontré fue un limón podrido que desprendía un olor terriblemente desagradable.

Me encaramé en la meseta de la cocina para revisar los armarios superiores. Nada.

> - Lo siento chicos, no hay comida. – les dije a los pececitos. – Seguro papi la traerá en un rato... Debe de estar a punto de llegar.

Entonces encontré un pote de cacao en polvo encima de la pecera. Tuve la catastrófica idea de echarle tres cucharadas pensando que eso zacearía su hambre.

Pero me equivocaba, y mucho.

En cuestión de minutos el agua empezó a tornarse color oscuro y pude observar como uno a uno, los peces flotaban hasta la superficie sin vida.

Horrorizada empecé a llenar una olla con agua y con la red, pasé los pocos supervivientes al recipiente. Pero tampoco sirvió de nada; el chocolate ya los había intoxicado y a los pocos minutos, también murieron.

Empecé a llorar desesperadamente.
Era cierto que siempre sufríamos una baja con los pececitos, pero nunca había ocurrido un holocausto. ¡Y encima causado por mi!
El llanto, la ansiedad y el sentimiento de culpabilidad hicieron que no me percatara de que papá había llegado, y estaba delante de la pecera preguntándome qué había pasado.

- ¡Fue un accidente papi! Les eché cacao en polvo pensando que les gustaría, pero me equivoqué... ¡Y ahora están todos muertos por mi culpa!

Él seguía en silencio mirando la pecera.

- ¡Le juro que no quería hacerlo! De verdad ha sido un acciden...

Se giró bruscamente y con todas sus fuerzas me dio un puñetazo en el ojo izquierdo.
Caí en el suelo llorando tapándome la cara con las manos.
Sentí como si el ojo se hundiera hacia adentro de su cuenca.
Deslicé el cuerpo hasta llegar a su sillón verde, mientras el dolor se concentraba en un único punto.

-        ¡Papi no! – le grité. - ¡Por favor! ¡Por favor! ¡Ha sido un accidente!

-        ¡Lo único que tienes que hacer es cuidar a tus mascotas y en lugar de eso las matas!

-        ¡No tenían comida por su culpa! – le reclamé mientras el ojo me palpitaba y las lágrimas caían a cántaros.

-        ¿Qué has dicho?

-        ¡Sí! Le pedí hace días la comida de Los Colorines. ¡Y nunca me la trajo! Pensé que el chocolate les gustaría...

Fue la única vez que le reclamé algo. La primera y única vez que le recriminé.

La muerte de los peces despertó un valor en mi que pensé que no existía.

Aunque el precio que pagaría por ese acto de valentía me saldría muy caro.

Ordenó que me arrodillara delante de la pecera, a quitarme la ropa y quedar únicamente en pantis.

Con las manos apoyadas a la pared aguanté veinte correazos en la espalda.

Sí, veinte. Siempre los contaba.

Entre golpe y golpe recalcaba mi responsabilidad de la muerte de los colorines y me forzó a verlos flotando.

Gritó lo inútil que era y afirmó que esos comportamientos débiles eran propios de mi madre; que había que *arrancarlos de mi ser.*

Los últimos cinco correazos no pude continuar de rodillas: me senté.

Tampoco pude seguir gritando; no me quedaban fuerzas.

El ojo herido había comenzado a hincharse.

Puedo jurar que los últimos azotes no los sentí; por un instante abandoné mi realidad para tornarme totalmente ausente.

Sólo lo que hizo después consiguió que saliera del trance en el que me hallaba.

Cogió los Peces de Colores y los metió en una funda, luego me arrastró por el cabello hasta la galería.

- Olvidé también comprarle la comida a Bonnie y a Clyde. ¡Así que hoy van a comer sushi!

Les echó uno a uno mis pececitos a los perros al tiempo que me miraba fijamente con una sonrisa cínica dibujada en su rostro.

Las últimas lágrimas de ese día las derramé al ver cómo Bonnie y Clyde se comían a Los Colorines.

Veinte años después, aún no he podido olvidar esa imagen. Y cada vez que veo un acuario lleno de peces de colores, siento los correazos de la culpabilidad y pido perdón por haber matado a los que fueron míos.

Capítulo 9
La piedra

La profesora pasaba lista y estaba a punto de llegar a mi nombre.
Mi pupitre se encontraba justo delante de su mesa.
Me gustaba el nuevo colegio. En el antiguo ya nadie quería jugar conmigo. Además, esta profesora enseñaba mucho mejor y no era tan cascarrabias como la anterior.

Esa mañana decidí llevar los pantalones del uniforme en vez de la falda y me sentía realmente bien. Con el pantalón se corre mejor, por eso los niños eran más rápidos que nosotras. ¡Ellos jugaban con ventaja! Le voy a proponer a las niñas la próxima vez que juguemos a béisbol que vengamos todas con pantalones. Así estaríamos en igualdad de condiciones, y segurísimo le daríamos una paliza a los invictos muchachos.

- ¡Roma Suarez Ramírez!

El grito me hizo despertar del limbo que visitaba con frecuencia últimamente.
Ya sabía el discurso estratégico que pensaba darles a las chicas en la hora del recreo.

- ¡Presente!

La profesora levantó la cabeza para mirarme, o, mejor dicho, hacer un análisis.

- ¡Vaya! ¡Por fin aparece! Niña Roma acérquese a mi mesa.

Cogí las tareas en las manos para llevárselas y me apeé de la silla con rapidez.

- Deje los deberes en su pupitre señorita Roma.
- Pero los he hecho. He hecho hasta los que dejó para la semana que viene.
- No lo pongo en duda Roma... Desde que llegó sus notas no nos han dejado indiferentes. Es una niña muy inteligente y aplicada. Ahora acérquese sin miedo.

Di varios pasos hasta ella pensando si había hecho algo mal.
No había peleado con ningún compañero y tampoco había sido impuntual. Papi no tolera la impuntualidad.
Los otros niños empezaron a hablar entre ellos y a jugar. Pensé que la profesora pondría orden, pero no fue así.
Se acercó y apartó el rizo que caía en mi frente.

- Pequeña... ¿Quién te ha hecho eso en la cara?
- ¿El qué señorita Teresa? – contesté ya nerviosa.

Vi como la maestra cogía aire y quizás algo de valor para continuar con el interrogatorio.

- Está bien... Te lo preguntaré de otra manera, ¿cómo te hiciste ese moratón que tienes en el ojo y ese otro que tienes en la barbilla?

Miré hacia la ventana y busqué una de las respuestas que tenía en mi archivo de mentiras. Esas que había ensayado con papá mil veces por si alguien preguntaba por mis golpes.

- Eh... Señorita Teresa. Me caí y me di con una piedra. Sabe que el camino hasta mi casa no le han echado cemento... Está sin... ¿cómo se decía la palabra? – dije de memoria.
- Asfaltar. Está sin asfaltar.
- ¡Eso! Está sin asfaltar.
- Entonces me estás queriendo decir que te caíste el viernes cuando saliste del colegio ¿o fue hoy miércoles?
- El viernes. Fue el viernes, señorita.
- ¿El viernes te caíste y te diste con una piedra justo debajo del ojo derecho y en la barbilla?
- Así es señorita Teresa.
- Entonces has faltado lunes y martes a la escuela porque te dolía mucho el ojo y estabas esperando a que se desinflame, ¿verdad?
- Está usted en lo correcto.

-       Pero aún tienes la marca... Debió de ser una caída muy fuerte.

-       Lo fue.

-       ¿Ibas brincando?

-       Sí... Fue error mío.

La profesora Teresa cogió mis manos y empezó a hablar muy bajito.

-       Roma... Hace unos meses que te incorporaste en este colegio y ya te has convertido en mi mejor alumna. Eres una niña súper inteligente y me encantan tus intervenciones en clase. Son de gran aporte y muy ingeniosas. ¡Tienes muchísima imaginación y eso es hermoso! Pero por otro lado... En tan poco tiempo, he podido observar que te has caído y dado con una piedra más veces de las que me gustaría recordar. Confía en mí... De verdad, puedes confiar. Dime, ¿quién te hizo eso muchachita?

Había olvidado por completo que ya había usado esa excusa.

-       Le he dicho que me caí. Soy muy torpe... De verdad, me caigo constantemente.

-       ¿Ha sido tu madre? – insistió.

-       Mi madre vive en España. Me abandonó... Abandonó a su familia. ¡Es una azarosa!

-       ¡Muchacha! ¡No vuelvas a decir jamás eso de tu madre!

- Es la verdad señorita Teresa, ella nunca me ha querido.

- Escúchame bien: entiendo que estés enfadada, si yo estuviera en tu lugar también lo estaría. Pero todas las madres, indiferentemente de sus defectos, merecen respeto ¿oíste? Ellas nos han regalado la vida y por eso tenemos que obedecerlas.

- Papi no opina lo mismo...

- Fue... ¿Fue tu papi que te hizo eso? ¿Por eso no has podido venir al colegio en días?

Suspiré mientras me mordía los labios.

- Roma puedes confiar en mi. Te prometo que todo va a estar bien. – a la maestra se le aguaron los ojos.

Bajé la mirada.

- ¡Está bien! ¡Está bien! No pienso obligarte a que me digas nada que no quieras, ¿de acuerdo?

Asentí con la cabeza, porque si salía una sola palabra de mi boca, empezaría a llorar a mares.

- Ve a sentarte pequeña.

El resto de la mañana no participé en clase ni una sola vez. Tampoco les di el discurso que había practicado imaginariamente a las chicas sobre los pantalones.

Ese día volví sola a casa pateando todas las piedras que encontré en el camino sin asfaltar.

Una vez allí, vi que papi tampoco había dejado comida hoy.

Germania no estaba, así que no pude pedirle algo para sostenerme en pie.

Solo me quedaba Clyde. Fui hacia él y lo abracé tan fuerte que al perro no pareció gustarle.

- Lo siento Clyde.

Bonnie se acercó en busca de cariño.

- Lo siento Bonnie. Papi no nos ha dejado comida y encima tuve que mentir otra vez a la profesora. Debí de quedarme con ustedes en casa hoy también.

Miré hacia la mata de guanábanas que había sembrada en el patio y para mi sorpresa, estaba llena de frutas.

Fui corriendo hacia la planta y encontré dos guanábanas en el suelo maduras y enormes. ¡Nunca antes las había visto tan grandes!

- ¡Bien Clyde y Bonnie! ¡Al final hoy sí que tendremos comida!

Fui corriendo a darle una fruta a Bonnie y a Clyde. Creo que ellos tenían más hambre que yo.

La otra me la comí sentada en los escalones de la galería que daban al patio.

Saboreé esa guanábana como el manjar más valioso del Universo.

Porque precisamente eso era para mí. Para nosotros.

Capítulo 10
Juguemos a elegir un dedo

Las lágrimas caían sobre las mejillas mientras ocultaba mis manos detrás de la espalda.

Otra vez no Diosito, otra vez no...

Me había llamado ya unas seis veces desde que me había ido a acostar.

Cuando estaba cerca de quedarme dormida, volvía y gritaba mi nombre para que me acercara a servirle otro trago de Brugal y llevárselo a su sillón.

Pero esta última vez no quería que le sirviera un vaso de ron...

- Escoge un dedo. – ordenó papá.

- ¡No papi! ¡Por favor, papi, por favor!

- He dicho que me des un dedo. Te dejo elegir el que quieras esta vez.

- ¡Papi por favor! ¡No quiero jugar más a ese juego! La última vez me dolió muchísimo...

- UN – SO – LO – DE – DO. No te lo repito más.

La casa estaba a oscuras.

Se había ido la luz desde hacía horas y teníamos que comprar otro inversor.

Él llevaba bebiendo desde temprano y ya no podía sostenerse en pie.

Parecía el conde Drácula en su trono.

-       Elige uno princesa. Sólo uno. Te lo prometo. Sabes que jamás te mentiría... ¿Acaso no confías en tu padre?

No contesté.

-       Papi, pero si no hice nada...
-       Sí que has hecho. Tus manos son idénticas a las de tu madre y eso es repugnante. ¿Te parece poco? Ahora, elige un dedito. El que menos te guste.

Tenía que pensar rápido, si tardaba más de 2 minutos serían dos dedos. Si tardaba más de 3 minutos serían tres... Hasta llegar hasta diez. ¡Y casi habían pasado 60 segundos!
¡Lo tenía! El dedo pulgar de la mano izquierda. Creo que es más fuerte y no soy surda. Así que es el dedo que utilizo menos.
Hace unos días había escogido el índice izquierdo y aún no se había recuperado.
Cerré los ojos fuertes y le di la mano despacio.
¡Ojalá sea más rápido que la última vez!

-       Este... – lloraba – Elijo el pulgar de la mano izquierda.
-       Una elección muy inteligente.

Metió mi huesudo dedo entre sus dientes y lo mordió hasta donde estaba la uña. Lo hizo tan fuerte, que pensé que me lo había roto.

Coloqué la otra mano en la boca aguantando el grito que quería salir.

Cuando dejó que lo sacara estaba lleno de sangre y me temblaba toda la extremidad.

- Ahora sí puedes irte a dormir. Buenas noches princesa.

Di media vuelta sin decir nada. Sostuve la mano herida con la ilesa pegada al cuerpo.

- ¡Roma!

Me giré lentamente.

- ¿No piensas darle las buenas noches a tu padre? ¿Ni besarme la mano?

Los mocos caían igual de rápido que mis lágrimas, así que intenté limpiarme con la mano buena. Respiré hondo hasta que por fin salieron las palabras de mi boca:

- Buenas noches y bendición papi.
- Dios te bendiga mi niña. Que descanses.

Cuando llegué hasta mi enorme cama, metí las rodillas dentro de la bata blanca y roja hasta quedar en posición fetal. Lloré un buen rato en silencio rogando que no me escuchara ni me volviera a llamar. Hasta que logré dormirme, vencida por el cansancio y el dolor.

Capítulo 11
La cotorra o yo

La cada vez más desnutrida cotorra estaba saliendo de su jaula.
Escalaba la parte posterior de *su casa* con las rudas patas y su fuerte
pico.

Mientras yo, sentada en la mesa de la galería comiendo aquel arroz
con habichuelas rancio que había cocinado papá, no podía dejar de
sonreír al ver su atrevimiento.

"Vuela" le susurré. *"Vuela y vete lejos de aquí. Lejos de esta cárcel."*

Papá había olvidado cerrarle la puerta cuando le dio de comer hacía
poco menos de 15 minutos, y se encontraba muy entretenido en la
cocina con el técnico que iba a reparar nuestra vieja nevera.

De pronto pensé en las consecuencias que traerían el haber
permitido que una cotorra, la cual ni siquiera era nuestra, se
marchara volando estando yo en la misma sala presente. Sin
intentar evitarlo o dar siquiera voz de alarma.

Durante milésimas de segundos tuve una batalla moral entre el
deber y el querer.
Entre la valentía o el miedo.

Miedo a otra paliza descomunal asegurada, si permitía que Lolita se escapara a ver mundo.

Una lágrima se asomó a la mejilla por la decisión que acababa de tomar.

"Lo siento Lolita; lo siento muchísimo. Pero eres tú o yo, y a ti no te pegan todos los días por cualquier cosa que hagas." Disculpé antes de gritar:

- ¡Papi! ¡Papi! ¡La cotorra está fuera de su jaula! ¡Corre!

Después de aquello, Lolita no duró ni una semana *en casa*. Su dueño vino a buscarla.

Aún recuerdo con pena esa tarde que hice el papel de jueza, una extremadamente egoísta. La que sentenció a perpetuar el encierro antinatural de una cotorra que únicamente seguía su instinto animal: el de ser libre.

Mismo instinto que me obligó a llegar a dicha resolución: el de supervivencia.

Capítulo 12
Los aviones

- Roma hoy te voy a mostrar algo muy importante.

- ¿El qué papá?

- ¿Te han enseñado en la escuela lo que es un avión?

- Sí. En el otro colegio mi antigua maestra nos lo explicó.

- ¿Y qué es?

- Es un medio de transporte aéreo.

- ¿Y para qué sirve?

- Para llevar mercancías de un lugar a otro.

- ¿Sólo para eso?

- No. También sirve para que personas se muevan de un país a otro. O de un continente a otro.

- ¡Exactamente! – exclamó satisfecho.

Sacó de un portafolios distintos recortes de imágenes donde salían aviones y los esparció por todo el suelo de la sala.

- ¿Sabes de dónde salen los aviones? – preguntó mirándome con expresión de duda.

- No.

- Salen de los aeropuertos princesa.

Señaló con un rotulador rojo todos los aviones que estaban en
aeropuertos.

- De acuerdo, quiero que mires bien todas estas
imágenes y que memorices qué aviones están en el
aeropuerto y cuáles no. ¿Entendiste?

Asentí.
Dibujó con un rotulador azul un círculo sobre los señores que
controlaban el acceso a los aviones.

- Antes de subir a un avión, siempre tienes que pasar
por una revisión previa. ¿Sabes lo que eso significa?
- No.
- Quiere decir que miran si lo que llevas en las maletas
es seguro y que tus papeles estén en orden. Es como… Como
cuando vas al colegio y la profesora revisa que tus tareas
estén bien.
- ¡Ah ya entendí!
- ¡No esperaba menos de ti princesa! Ahora, tengo que
enseñarte lo que quería que supieras. Estos señores que
controlan las entradas son la clave.
- ¿La clave para qué?
- La clave para tu salvación. Para que jamás te aparten
de mí.

No entendía nada. Pareció que leyera mis pensamientos, porque empezó a explicar detalladamente por qué esas personas eran la clave.

- Tu mamá está a punto de venir de vacaciones. Creo que vendrá para diciembre, porque tu abuela me ha pedido que te lleve para que compartas con ella y con tus hermanos.
- ¿Viene mami? – disimulé la alegría de saber que pronto la iba a conocer.
- Sí. Pero tranquila porque no te dejaré sola ni un instante con ella. Sé que viene a buscarlos. A los tres. Algo me lo dice... La conozco bien. ¡Sé que no se llevaría solo a los otros dos!
- ¿Nos va a llevar para España?
- Seguro que sí. Por eso quiero explicarte qué es un aeropuerto.

Volvió a centrar su atención en los hombres la clave.

- Cuando estés en un sitio así, tienes que ir corriendo hacia estos señores, y gritar *"¡Me están secuestrando!"*. Tienes que chillar en medio de todo el mundo *"¡Esta señora me está secuestrando!"*. ¿Comprendes?
- Sí... Pero no entiendo por qué tengo que hacerlo. ¿Me va a secuestrar? – pregunté asustada.

-       ¡Va a apartarte de mí y eso es peor que un secuestro!
Se ha olvidado todos estos años de ti y ahora va a querer
separarnos. ¿Tú quieres estar sin mí?

-       ¡No!

-       Entonces tienes que hacer lo que te ordeno.

-       ¿Y si los señores que vigilan no me creen?

-       Sí te van a creer. ¿Sabes por qué? Porque no te
pareces tanto a ella, gracias a Dios. Ella es blanca y casi
rubia. Tú eres mulata y por suerte estos años tu pelo ha
oscurecido. Eso es un punto a nuestro favor.

Sus últimos enfados habían sido porque le recordaba a ella. ¿Y
ahora resulta que no me parecía?

-       Cuando te acerques a estas personas que controlan,
tienes que explicarles que ella no es tu madre y que quiere
venderte en Europa.

-       ¿Venderme?

-       Sí, venderte.

-       Pero a una persona no se le puede vender, ¿o sí?

-       Eh... Sí se puede. Pero ya te explicaré más adelante
ese asunto.

-       ¿Ella me quiere vender?

-       Seguro que sí. Porque no se ha encargado de ti en todo
este tiempo y seguro le molestarás. Le cohibirás a la hora de
salir y sentirse libre; de seguir teniendo esa vida promiscua
que seguro lleva. Serás el ancla que frene su barco.

- Pero si le molesto, mejor que me deje aquí con usted. Que no me venda a otras personas que no conozco.

- Es que es mala, ¿no lo has entendido todavía? Ella ni lava ni presta la batea.

- ¿Qué quiere decir eso?

- Quiere decir que prefiere llevarte lejos y que vivas con otras personas que te pueden hacer daño, a que estés conmigo. Sabe que eres mi mundo entero. Que si te llevan de mi lado me quedaré solo y desolado. Que me moriré sin ti.

- ¡No diga eso papi! Yo no quiero que se muera nunca.

- Entonces princesa, tienes que memorizar a este perfil de hombres.

Me pasó un montón de recortes donde aparecían los hombres claves.

- De acuerdo pa.

- ¿Me lo prometes?

- Se lo prometo.

- ¿Qué es lo que tienes que decir cuando estés en un aeropuerto?

- ¡Me están secuestrando! ¡Me quieren vender!

- Muy bien princesa. ¡Eres tan inteligente! Sabes lo que te conviene, ¿verdad?

- Sí papi.

Él tenía razón. Mami vendría de vacaciones por un mes con la intención de volar hasta Barcelona con los tres. Pero sólo se llevaría a Ares y a Perséfone.

La última semana que nuestra madre duró en el país, papi y yo desaparecimos.

Ese era el plan desde el principio: mejor prevenir que curar.

Estuvimos unos días durmiendo en casa de su novia María, y cuando confirmó que ya mami se había marchado, volvimos *a casa*.

No regresamos nunca más a casa de Atenea. Papi dijo que *"no teníamos nada que buscar ahora que mis hermanos ya no vivían allí y que, además, ya era hora de borrar a la arpía de Atenea de nuestras vidas."*

Tuvieron que pasar siete meses para que mami volviera a llevarse *la pieza* que le faltaba en el rompecabezas.

Siete meses para que yo tomara una de las decisiones más importantes de mi vida: gritar o no gritar en medio del aeropuerto de las Américas de la ciudad de Santo Domingo.

Capítulo 13
El ábaco y la escoba de paja

El primer "juguete" que recuerdo haber recibido de mi padre fue un ábaco.

Sí, un ábaco. Era de madera con cuencas redondas de muchos colores, que me ayudaría para aprender a contar más rápido.

Cuando me lo entregó, dijo lleno de orgullo y esperanza: *"Cuando seas grande, te convertirás en ingeniera electromecánica igual que yo. Serás la mejor profesional de toda la República Dominicana."*

El segundo regalo fue una escoba de paja que compramos en un mercado.

Para hacer una de mis imprescindibles tareas del hogar: barrer las hojas que caían de los árboles del patio.

Aunque yo la usaría más como medio de transporte imaginario, ya que en las miles de historias que le contaba a Clyde y a Bonnie, yo era una bruja que los había convertido en perros para siempre, y solo si se querían de verdad, el hechizo se rompería.

Lo cierto es que cuando crecí, resultó que no se me dieron muy bien las matemáticas. En lo absoluto. No mostré ningún tipo de interés en aprender sobre ecuaciones y funciones. Quizás porque me recordaban a aquel ábaco con el que me golpeaba en la cabeza cuando no le daba el resultado correcto de alguna operación.

Por el contrario, se me dieron muy bien las letras, la literatura y el arte. Disfrutaba leyendo y proyectándome en cada una de las protagonistas de las novelas. Desarrollé una gran imaginación a la hora de contar historias o escribir poemas, y dibujaba con gran talento, facultades por las cuales, años más tarde, ganaría varios premios de San Jordi en la escuela y el instituto.

Cuando le conté una vez por teléfono lo mucho que me gustaba inventar cuentos, se mostró muy decepcionado y triste.
Su niña jamás sería ingeniera y odiaría las matemáticas para siempre.
Su niña se convertiría en periodista.
Pero no una de esas que le gusta salir en televisión o ser locutora de radio.
Si no de esas otras que escriben, de las que les gusta narrar los problemas sociales en forma de historias personificadas.
Porque siempre vio su vida como una gran crónica que terminaría plasmando en un libro. Este libro.
Y quería aprender a contarla con sus propias palabras para que el resto del mundo conociera *su historia* y apreciara su única verdad.

Capítulo 14
El malecón

Corría por el malecón haciendo zigs zags.

En mi imaginación, mis brazos abiertos eran las alas de un avión.

Un avión de color rosa Barbie, que podía viajar todo lo lejos que quisiera.

El viento parecía estar enfadado porque traía con él agua del mar que tanto miedo me daba. Tendré que avisar a mi tripulación que será un vuelo complicado y que los pasajeros deberán de abrochar sus cinturones.

-      ¡Roma ve más despacio!

Paré en seco ante la orden directa de la torre de control.

Volteé a ver cuán lejos se hallaba papá y me tranquilicé al comprobar que no lo estaba tanto.

Lo vi acercarse con su polo blanco y jeans gastados. Con una mano se agarraba los lentes para que el aire no se los llevara volando y con la otra sujetaba la correa marrón.

¡Odiaba esa correa! La había sentido tantas veces en mi piel que seguro ella también llevaría mis marcas tatuadas.

Giré la cabeza hacia la derecha. Hacia el indomable Mar Caribe.

"República Dominicana es una isla. Bueno, técnicamente la mitad de una isla. Y está rodeada por el indomable Mar Caribe." Recordé

decir a la profesora.

Ese día le pregunté qué significaba la palabra "indomable".

Y ella contestó: *"Algo de naturaleza salvaje. Que no se puede domesticar. Que no se puede encerrar. Que no se puede... ¿Cómo decirlo? Que no se puede dominar."*

En ese momento me pareció la definición más bonita del mundo. La recordaría toda la semana. Toda la vida.

Hoy estaba delante de ese mar salvaje y furioso. Sus olas habrían hecho naufragar a más de un barco.

- ¿Qué piensas princesa?

- En la definición que nos dijo la profesora de cómo es nuestro mar.

- ¿Y cómo es?

- Indomable. – dije con la mirada iluminada.

- Sí que lo es.

- Papi, ¿cuántos animales viven dentro del Mar Caribe?

- ¡Millones! Todos los días los biólogos y científicos descubren nuevas especies.

- ¡Wow! – Sonreía al imaginar nadar al lado de tantos animales. ¿Serían tan simpáticos como Clyde?

Terminamos de hacer el recorrido agarrados de la mano. Hasta llegar a Manresa e ir a la heladería de siempre, dónde escogeríamos los sabores de siempre.

Algunas veces íbamos a buscar a mis hermanos para que nos acompañaran a comer helados, pero hoy solo estábamos él y yo.

-       El mío de fresa, por favor. – le pedí a la simpática chica que atendía detrás del mostrador.

Los días de paseo, papá nunca estaba enfadado.

Esos días me hablaba de un viejo él que aún no se había convertido en padre ni conocido a mamá.

Uno que ni si quiera era adulto.

Me hablaba de un Seth que tendría unos 13 años, que iba solo hasta allí a comer helados cuando se escapaba de casa de su abuela Marta.

Uno que tenía el sueño de convertirse en ingeniero.

Uno que se prometió que, si algún día tuviese una familia, la llevaría a comer helados todas las veces que pudiese el bolsillo permitírselo a ese hermoso lugar.

Recordaba a ese él antiguo con nostalgia. Como si *ese otro* no hubiese sido nunca el de ahora. O como si hubiese muerto.

Una vez le vi una lágrima caer al recordar al *"papi muerto"*: ese que *"ya no podía volver a ser."*

Como si se lo hubiesen arrancado a tiros.

Y sí lo habían hecho, lo sabría 10 años después, cuando me explicaran toda su triste historia.

Arrancaron su felicidad con cada engaño.

Ahogaron su voz con cada grito.

Robaron su inocencia con cada latigazo.

Apagaron la luz de su mirada con cada golpe.

Le quitaron su niñez.

Lo convirtieron en un monstruo.

El monstruo que se estaba encargando de destruir mi infancia y que años antes, había fulminado a su propia familia: esa que tanto había anhelado tener.

Capítulo 15
El reencuentro

¡Por fin iba a conocer a mi madre!

Y digo conocer, porque no guardaba ningún recuerdo de ella.

Las fotos que miraba a escondidas de papá eran mi única prueba de su existencia.

Así que para mi entender, ese sería nuestro primer encuentro.

Desde que supimos a ciencia cierta que vendría a finales de diciembre, los golpes, los castigos y los tormentosos juegos de *elegir un dedo* habían desaparecido.

Aunque sus riñas y gritos seguían presente, el maltrato físico cesó, y en ese entonces, para mí ese cambio era un idilio propio de un cuento de hadas.

- ¿Estás nerviosa? – Me preguntó papá al ver que estaba entrelazando las manos en el asiento del copiloto y moviéndome más de lo habitual.

- Un chin... ¿Usted va a volver a buscarme? No me va a dejar sola con ella, ¿verdad?

- No te dejaré sola en ningún momento. Prometo no quitar los ojos de encima a mi pequeña princesa.

- ¿Y usted?

- ¿Yo qué?

- ¿Usted está nervioso?

-       No. Yo no me pongo nervioso por nadie, y menos por tu madre.

Pero sí que lo estaba.

La forma de conducir, más rápida y desenfrenada de la que acostumbraba, junto con su lenguaje corporal decían todo lo contrario.

-       Cuando nos apeemos del carro, lo haremos con calma. Sin mostrar felicidad, sino cordialidad. ¿Entendido?

Y lo entendí, pero como suele decir aquel refrán: *"del dicho al trecho, hay un buen trecho"*. Cuando llegamos a la casa de Atenea, subí las escaleras con mucho más entusiasmo que las veces anteriores.

Y al final de la escalinata estaba ella: con sus cabellos largos, marrones y ligeramente ondulados. Su blanca piel hacía resaltar esos enormes ojos marrones, tenía los labios finos decorados por un lunar en la zona superior derecha; al estilo Marilyn Monroe, pero natural.

Era sencillamente preciosa. Parecía una de aquellas estatuas griegas de los libros de papá.

Su abrazo conmovió todo mi ser.

Me miraba como si de un análisis médico se tratase. Desde la cabeza hasta los pies. Transmitiendo una mezcla de melancolía, tristeza, nostalgia y alegría.

- No te podrás imaginar nunca en la vida, cuánto te he echado de menos. – dijo mientras me arropaba en sus brazos.

Quise llorar, pero era una de las cosas que tenía prohibido hacer en su presencia.

Así lo habíamos ensayado papá y yo semanas pasadas.

No podía decirle que la extrañaba; sólo reclamarle.

No debía pedirle que volviera a casa; pero si preguntar si aún sentía amor por papá.

Quedaba vetado contar mis vivencias diarias; sólo hablaríamos de mis excelentes notas y de lo feliz que era viviendo en *mi casa*.

Si en su ausencia hablaban mal de él, tenía que defenderlo como si fuese cuestión de vida o muerte. Pero sobretodo, tenía que escuchar atentamente cualquier conversación. Por más superflua que fuere, porque podría contener información trascendental de los planes de mamá.

Durante la estancia de mamá en el país, la visitamos regularmente. Hubo muchos abrazos conmovedores y más de un reclamo. Sobre todo, a través de miradas. No lo podía evitar. ¿De verdad no me quería esa mujer que solo me transmitía dulzura, belleza y seguridad?

Tardaría años en comprender que jamás me había abandonado. En saber que todo fue un juego de manipulación labrado por mi propio padre.

Pero con la mentalidad totalmente corrompida y engañada, sólo podía tener un sinfín de sentimientos encontrados.

Admiración y recelo. Tranquilidad e inseguridades. Amor y rencor. Eso era lo que sentía cuando ella estaba a mi lado.

Capítulo 16
Siete meses

De la repentina forma que se fue el maltrato físico a ley de un mes que mami pisara nuestra isla, así mismo reapareció cuando ella partió nuevamente hacia Barcelona. Pero esta vez con mucha más constancia y mayor intensidad.

Llegaba con más frecuencia borracho y cuando lo hacía, *jugábamos a elegir un dedo* o a ponerme de rodillas por más de una hora mirando a la pared sin motivo aparente.

Cuando me pegaba, rara vez me tocaba la cara. Pero últimamente, eso también había cambiado: mi rostro se había convertido en su principal objetivo.

Los moratones en los ojos se convirtieron en un maquillaje permanente y mi reflejo mostraba todos los días una cara hinchada, un cuerpo cada vez más delgado lleno de marcas y unos ojos llenos de tristeza y sensación de vacío.

Esos meses, intericoricé el dolor de tal manera, que se convirtió en parte de mí. Se volvió una costumbre.
Pasaba los días sola y sin comida en la nevera. Y cuando me premiaba con algún alimento, apenas lo probaba porque se me había cerrado el estómago.

Clyde y Bonnie también parecían cada vez más flacos.

Dos de mis periquitos habían muerto.

El amo de Lolita la vino a buscar al ver que la cotorra había perdido aquella majestuosidad con la que llegó a nuestras vidas.

Todo en *esa casa* iba en decadencia.

Se acabaron los paseos en el malecón y los helados de los domingos. En lugar de eso pasábamos todo el día *en casa* encerrados; viéndolo beber su inseparable ron Brugal.

Viendo como el capitán del barco que era nuestro hogar se hundía junto con todos los que íbamos a bordo.

Papá siempre se disculpaba y yo siempre lo perdonaba. Era un círculo vicioso el cual yo entendía que era amor y lealtad.

Como era de esperar, faltaba mucho más al colegio. Nadie podía verme en ese estado. Me volví prácticamente autodidacta.

Una vez, la profesora Teresa vino a verme, pero no le abrí. Tampoco podía hacerlo porque no tenía las llaves del candado ni del portón de madera.

Simplemente me quedé al otro lado viendo cómo me pasaba un cuento por debajo de la puerta y las tareas de la semana. Encogida de rodillas en el suelo escuché sus palabras de aliento mientras lloraba desconsoladamente.

Los vecinos se acostumbraron a escuchar todos los días mis gritos de dolor, sufrimiento y frustración.

Hasta que una noche de Luna llena, la conciencia de los más cercanos no aguantó los llantos de aquella niña de casi 8 años de edad, y tuvieron que llamar a la policía porque creían su padre acabaría matándola.

Y sé que lo hubiera hecho.

Aquella noche del mes de agosto sería la peor paliza de todas. Y para mi suerte, la última.

Aquella noche perdí la poca inocencia que me quedaba, y di rienda suelta a mi lado más salvaje. Fue la más triste de mi vida, pero, aun así, no había perdido la esperanza.

Y si a día de hoy me preguntan ¿cambiarías haber vivido ese momento? La respuesta sería un rotundo no.

Porque esa noche, nació la personalidad de la que hoy presumo.

Adopté las cualidades del ente que más terror, respeto y admiración me transmitía: el indomable Mar Caribe.

Aquella noche decidí gritar hasta quedar sin voz; luchar hasta acariciar la muerte.

Miré a mi verdugo padre directamente a los ojos y le planté cara.

Comencé a seguir su consejo, ese que me hizo prometerle: no dejarme pisotear por nada ni por nadie, y eso, lo incluía principalmente a él.

Capítulo 17
El helado y el dulce tres leches

Tenía muchísima hambre y en la nevera solo había un dulce de tres leches y un helado de fresa de la marca Bon.

"Son para Germania, ni se te ocurra comértelos. Está totalmente prohibido tan si quiera mirarlos." Recordé la advertencia que me había dado papá por la mañana antes de irse a trabajar.

El problema es que no había dejado absolutamente nada de comer. Los cajones de la cocina estaban vacíos desde hacía días, y la nevera desprendía un olor extraño precisamente por haber pasado semanas sin nada dentro.

¿Cómo podía ser que comprara comida para nuestra vecina, pero para mí, que era su hija, no comprara ni una caja de cereales?

Había decidido dormir varias veces a lo largo del día para evitar pensar en lo único comestible que había en casa. Pero ya se acercaban las 10 de la noche y sentí estar cerca del desmallo si no me llevaba algo a la boca.

Así que abrí la nevera y me comí dos cucharadas de aquél dulce tres leches que me supo a gloria.

Como aún mi hambre no era saciada, comí otras dos cucharadas de aquel helado de fresa que parecía venir directamente del cielo.

Cuatro cucharadas. Ni una más ni una menos.

Eso fue el detonante de la ira de papá cuando al llegar a casa, vio
mañoseados los postres que con tanto entusiasmo quería obsequiar
a la vecina.

Apestaba a alcohol, razón por la que había llegado cuatro horas más
tarde de la habitual.

- ¿Has comido del helado del freezer?

- Sí, le he dado dos cucharadas. – le respondí mientras
jugaba con unos peluches.

- ¿Has comido del dulce también?

- Sí, dos cucharadas. Tenía mucha hambre, ¿me trajo
comida? No he comido más que eso en todo el día porque no
hay nada en los cajones, ni si quiera cereales...

No terminé bien de pronunciar las últimas palabras de esa frase,
cuando empezó a sacarse la correa que sujetaba sus pantalones, la
dobló y dio los primeros pasos hasta ponerse delante de mí.
Estaba tan nerviosa que ya estaba temblando.

- Papi... otra vez no por favor, no he hecho nada. Los
comí porque tenía hambre – le supliqué.

Pero a su entender, eso era algo imperdonable.
Esa noche no me dio tiempo a contar los correazos que me propinó
en la espalda.
Pero si recuerdo el primero: aquél que me dejaría la marca de la
hebilla en la cara durante semanas; el que me impidió abrir el ojo

izquierdo el resto de la noche y dónde se concentraba el 70% del dolor que me regalaba segundo tras segundo.

El cinturón dejó paso a un palo de madera. Tampoco recuerdo los palazos que me dio. Pero sí el primero: aquél que me dejó privada de respiración minutos agonizantes.

Agarró mi delgado cuello, consiguiendo levantarme hasta llegar a su altura. Cuando abrí el ojo ileso, le escuché afirmar:

- Me das asco y vergüenza. Cada vez te pareces más a tu madre. Eres débil igual que ella y tus hermanos.

Soltó mi cuerpo como si de un saco de patatas se tratase. Sin piedad, dejando que se desplomara en el suelo.

Me arrastré adolorida hasta la pared y una vez allí, escondí la cabeza entre las rodillas.

Mientras tanto, él seguía con su discurso sin sentido:

- He intentado hacerte más fuerte... pero tú no me dejas. No eres como yo, eres como ella. ¡Y eso es repulsivo!

Cada vez me costaba más respirar y apenas podía mover un dedo.

- ¿Por qué no dejas que te cambie? – Gritó enfurecido. - ¿Por qué?

La muerte llevaba un buen rato sentada a mi lado, cada vez más cerca.

- 	¡Por qué diablos!

Sujetó la coleta que amarraba los pocos pelos que me quedaban y comenzó a halar. Paseó mi cuerpo por la galería, abrió la puerta del patio, bajó los escalones y empezó a desnudarme sin delicadeza alguna, hasta dejar solo la ropa interior.

Me dejó sola un rato no muy largo mientras lloraba desconsoladamente de pie sin poder hacer el más mínimo gesto.

Clyde intentaba soltarse de la cadena.
Ladraba como nunca antes lo había hecho, estaba rabioso.

Cuando vi volver a papi con una ponchera sabía que la cosa no había acabado. Lamenté:

- 	¡No! ¡No! ¡No!

De repente, cuando pasó por delante de Clyde, éste le atacó.
Pero papá se lo quitó de encima fácilmente porque jugaba con ventaja: mi mejor amigo estaba amarrado, y él, que era aún más animal que mi perro, estaba suelto.

Eso enfureció aún más a papá que fue corriendo a buscar el palo que antes había usado conmigo.

Le pegó tan fuerte a Clyde que creía que lo iba a matar.

Al observar que Clyde cojeaba, algo cambió dentro de mi ser.

El miedo que se apoderaba de mi ser, se convirtió ipso facto en ira.

- 	¡No! ¡No! ¡Deje a Clyde tranquilo! ¡No le ponga la

mano a mi perro! ¡Es mi mejor amigo! ¡No lo toque!

No recuerdo de donde saqué la fuerza ni la valentía, pero corrí a

salvar a mi perro, o al menos intentarlo. Igual como él lo había

hecho conmigo minutos antes.

Agarré su brazo con el poco ímpetu que aún me quedaba; pero se

deshizo de mí en cuestión de segundos.

Se dirigió a abrir la manguera que estaba conectada al agua de la

casa y comenzó a llenar la ponchera.

Sabía lo que venía porque ya lo había vivido antes.

- 	Ahora es que viene lo bueno Roma, y ya sabes, tienes

totalmente prohibido llorar.

Pero ya estaba harta de callar e intentar suprimir mis emociones.

Fue la primera, única y última vez que lo desafié.

Me levanté del suelo, lo miré fijamente a los ojos; llena de coraje.

Eché un último vistazo a Clyde, que también lloraba.

Y comencé a gritar. Gritaba como si no hubiera un mañana. Como si

mi vida dependiera de ello.

Grité. Grité como nunca antes lo había hecho: con conciencia de que alguien me escucharía.

Grité de dolor, de rabia, de incomprensión...

Grité. Grité tanto que el Universo entero me oyó.

Vino corriendo a taparme la boca con sus toscas manos que comenzaban a asfixiarme.

Otra vez la muerte acariciaba mi pelo.

Intentaba resistirme, juro que lo intentaba; pero entre su fuerza y la mía no había comparación.

Sujetada en contra voluntad, pataleé antes de que me entrara en la ponchera llena del agua helada.

Entonces paró un momento para contemplar su obra de arte; a admirar los moratones que empezaban a aparecer en mi débil cuerpo.

Sus ojos: nunca antes los había visto tan llenos de odio y gozo al mismo tiempo.

Parecía estar satisfecho. Parecía estar poseído.

Supe al instante, que, para aquel artista desquiciado, a su obra maestra le faltaba aún más color. Más dolor.

Acarició mi espalda y antes de seguir sentenció:

- Esto te lo has buscado tú solita. Por parecerte a ella. Por ser parte de ella. Por ser ella.

Así comenzó todo de nuevo.

Pero esta vez mi cuerpo estaba mojado y los correazos picaban el doble.

Y así pasaron las horas.

Hasta que dejé de gritar, y de repente entré en trance otra vez. Como siempre hacía cuando la conciencia ya no aguantaba la tortura.

Cuando entraba en aquel limbo, el sufrimiento desaparecía.

Al percatarse que había adentrado en mi burbuja, él también paró.

Calló en el suelo cansado de la euforia que le había provocado el propinar aquella paliza.

Tras minutos de silencio me pareció escucharlo decir a lo lejos:

- Esta noche dormirás en la mecedora de la galería. Sin sábana, sin ponerte ropa seca, sin nada. No tienes derecho.

No moví una sola articulación.

Esa noche, estaba completamente vacía.

Me dejó delicadamente sentada en la mecedora, antes de decir satisfecho:

- Buenas noches princesa, descansa.

Y allí dejó a su hija aquel padre que aseguraba amarla, y hacer todo lo que hacía por su propio bien.

Allí dejó a su hija, aquel padre que pasó de consentirla en todo lo que ella quisiera, a pegarle por todo que hiciera.

Allí dejó a su hija, aquel padre que la torturó durante cuatro años, mental y físicamente.

Allí dejó a su hija, ensangrentada y llena de moratones.

Allí dejó a su hija, llena de traumas y con el corazón hecho añicos.

Días más tardes, cuando a aquella niña un agente policial le preguntara: *"¿qué hiciste para que te pegara tan fuerte?"* Ella le respondería: *"No hice nada. Sólo tener hambre."*

Capítulo 18
La oración

Sentada de madrugada en la mecedora blanca de la galería contemplaba la Luna llena que parecía sonreír.

No podía moverme, aunque tampoco tenía intención de hacerlo.

Las glándulas lagrimales habían secado y el parpadeo de mis ojos era extremadamente lento.

Todavía temblaba del frío, ¿o era por el miedo?

Nuestro satélite natural me tenía totalmente absorta. Lo único que de vez en cuando distraía dicha observación, era el lloro de Clyde.

- Lo siento mucho Clyde. – susurré - Lamento que te haya pegado a ti también. Te estaré eternamente agradecida por haberme defendido.

Y así de repente, como cuando te llega una gran idea a la cabeza, recordé el gran consejo que me dio la vieja Atenea: *"Pídele lo que tu corazón desee y sea bueno para ti"*.

Nunca antes había orado; nunca antes le había rogado nada a nadie que no fuera mi padre.

¿De verdad ese Señor invisible iba a escucharme? Tenía que intentarlo, ¿no? De igual forma, no tenía mucho que perder.

Cerré los ojos con las pocas fuerzas que me quedaban, acerqué mis magulladas manos hasta el pecho desnudo.

Con toda la esperanza que una niña de 7 años podía tener y el chin de voz que me quedaba tras haber estado llorando durante años dije en voz alta:

- Por favor Diosito, sácame de aquí.

No pedí nada más. Esa noche mi oración fue escuchada.
En menos de 10 horas la policía rompería las puertas de mi jaula y sacarían por fuerza la fiera agresiva en la que me habían convertido.

Capítulo 19
Derribando puertas

- ¡Seth Suárez abre la puerta o la derrumbamos!

¿Estaba soñando?

No recordaba cómo había llegado a mi cama ni cuando me había vestido, pero ambas preguntas tenían una sola respuesta: lo había hecho papá.

Traté de incorporar mi estropeado cuerpo lo más rápido que pude, pero me dolía todo: desde el cuero cabelludo por los jalones del pelo hasta las plantas de los pies raspadas por el suelo sin asfaltar del patio la noche anterior.

- ¡Seth Suárez abre la puerta o la derrumbamos!

No, no estaba soñando.

Un grupo de personas golpeaba la puerta de madera de la entrada y apaleaba la de hierro que le seguía.

- ¡Sabemos que estás ahí! ¡Abre la maldita puerta!

Comencé a hiperventilar y las palpitaciones del corazón iban in crescendo.

"No, no, no", eran las únicas palabras que salían de mi boca.

No sabía qué querían esos señores con papá, pero por el tono en el que vociferaban, sabía que no era nada bueno.

Venían a llevárselo.

Caminé llorando lentamente hasta llegar a posarme delante de la puerta que no hacía más que recibir porrazos.

-    ¡No! ¡No! ¡No! No se pueden llevar a mi papi... ¡No está aquí! ¡Está trabajando!

Los golpes se detuvieron de repente.

Escuché pasos que se dirigían a la entrada de atrás de *la casa:* iban para la galería.

-    ¡Estoy viendo a la niña!

Gritó uno de los hombres.

-    ¡Sí es ella! ¡Está herida y parece estar sola!

"No, no, no", me van a llevar a mí también.

Un grupo de diez hombres uniformados de policías se juntaron delante de la puerta de la galería. No lo podía creer.

Sin darme cuenta había caminado hasta ellos sumergida en un llanto nervioso y repitiendo la palabra *"no"*.

Uno de ellos se abrió paso entre la muchedumbre y agarró con sus dos manos los hierros de la puerta de hierro de la galería.

Era moreno, de piel mulata y ojos negros.

Parecía ser el jefe de todos ellos.

- Escúchame Roma. ¿Te llamas Roma verdad? – dijo en un tono tranquilizador. Como si minutos antes no hubiera golpeado la puerta con toda la ira del mundo.

"No, no, no", negué con la cabeza y retrocedí hasta chochar con la pared.

- Escucha pequeña, no queremos hacerte daño. Hemos venido a sacarte de aquí.

"No, no, no…".

- ¿Está tu padre en casa?

"No, no, no…".

- ¿Sabes si guarda algún arma de fuego en casa?

"No, no, no…".

- ¿Te ha hecho tu papá los golpes que tienes en la cara?

"No, no, no…".

-        Roma, por favor, tienes que colaborar con nosotros. Tus vecinos nos han llamado, dicen que lloras mucho. ¿Es verdad eso?

Empecé a llorar más fuerte.

"No, no, no…". Todo era culpa mía, no debí de llorar tan fuerte anoche. Ahora iban a separarme de papá y me iba a quedar sola toda la vida.

-        Roma, por favor…

"No, no, no…".

-        Todas las puertas de esta casa están cerradas con candado. ¿Tienes una llave?

"No, no, no…".

-        ¿Sabes dónde guarda tu papá la copia de las llaves de al menos una de las puertas?

"No, no, no…".

-        ¿Sabes dónde guarda tu papá la copia de las llaves?

Sequé mis mocos y las lágrimas con las manos, estaba consiguiendo salir del trance histérico en el que me hallaba. Cuando por fin pude contestarle:

- Sólo él tiene las llaves. No pueden entrar.

Mi respuesta pareció desquiciar al oficial, que desvió su atención hacia un compañero al cual dijo:

- Ese hijo de su maldita madre tiene a su propia hija apresada en su casa. Esto es peor de lo que me imaginaba. Tenemos que actuar ya.

Miró al resto del grupo y gritó:

- ¡Vamos carajo! ¡Búsquenme ya una sierra eléctrica para cortar los malditos hierros de esta desgraciada casa coñazo! ¡Ya!

Todos comenzaron a desperdigarse en busca de lo que ese individuo solicitaba.
En menos de media hora los policías cortaron el hierro y me sacaron en contra de mi voluntad.
Cuando por fin lograron tranquilizarme y darme algo de comer, el policía jefe de la redada se acercó para continuar hablando conmigo:

- Oye... Eres la niña más valiente que conozco.

Sonreí, aunque en ese momento no entendía el por qué.

- ¿Dónde está tu mamá? Podríamos llevarte a su casa.

- ¿Tienen un avión para llevarme hasta España? — dudosamente pregunté.

- ¡Oh! Vive fuera del país...

Continuaba comiendo la empanada de pollo que me había dado hacía unos minutos. No podía quitarle los ojos de encima.

- ¿Tienes a alguien más que viva en el país?

- Toda la familia de papá vive la isla.

- Preferimos que sea familia de tu mamá.

Hice una mueca.

- ¡Vaya! Ese gesto es un claro sí. ¿A quién tienes aquí?

- A Atenea.

- ¿Quién es Atenea? ¿Es familia de sangre?

- Es... la madre de mami. Es mi abuela.

- ¡Perfecto! ¿Sabes cuál es su apellido?

- No.

- No importa, la buscaremos por el nombre de tu mamá.

Pero tras unos minutos de búsqueda, no encontraban la dirección de Atenea en la base de datos. Comenzó a exigir al resto del equipo que le dieran soluciones, y frunciendo el ceño preguntó:

-	¿Cómo podemos encontrar a esta mujer?

Lo observé preguntar a los vecinos si sabían dónde vivía Atenea.
Pero nadie le daba respuesta.
Ese señor me transmitía seguridad.
Al ver que su enfado iba en aumento por la frustración, dejé a un lado la empanada y me acerqué hasta él.
Halé su camisa y le pedí prestarme atención.

-	Yo sé llegar hasta su casa. Vive en Buenos Aires de Herrera. Podría guiarlos si quiere.

Con una mezcla de sorpresa y duda preguntó:

-	¿Cómo una niña de 7 años sabe llegar a un barrio que queda tan lejos desde aquí?
-	Es uno de los entrenos de papá: tengo que saber llegar desde cualquier lugar que visitemos hasta nuestra *casa*, por si mamá quisiera secuestrarme.

Creo que mi respuesta lo dejó aún más anonadado.
Tras discutirlo con el equipo, accedió a hacerme caso porque no tenían nada que perder.

Cuando estuvimos en frente de la casa de Atenea, la divisé bajar por las escaleras.

- Señor, es ella.
- ¿Quieres quedarte con ella?
- Sí.
- ¿Es una buena persona?
- La mejor que conozco. – dije sonriendo.
- Eso me deja más tranquilo.

Salió de la camioneta y preguntó a mi vieja que estaba muy nerviosa.

- Buenos días doña. ¿Es usted Atenea?
- Sí, yo misma.
- ¿Es usted la abuela de Roma Suárez Ramírez?

Vi cómo se echaba las manos a la cabeza, imaginando lo peor:

- Dígame, por favor, que mi muchachita está bien. ¡Que no me la mató ese desgraciado!

Ante esta reacción el oficial pareció quedar complacido.

- Tranquila doña, la niña está bien dentro de lo que cabe. Nos ha guiado hasta su casa porque nos ha comentado que usted es su única familia materna en la isla.

- Así es. ¿Y dónde está?

- Está en el vehículo. ¿Se hará cargo usted de quedársela durante el proceso que dure los trámites de denuncia y carcelación contra el señor Seth Suárez?

- ¡Por supuesto que sí!

Salí del carro y me abalancé sobre sus brazos.

- ¡Ay mi hija! – lloraba al acariciarme la cara. Las marcas. - ¿qué te ha hecho?

Le sonreí antes de confesar:

- ¿Sabe qué? Anoche oré por primera vez, como me dijo que hiciera.

- ¡Qué bueno! No te preocupes, Dios responderá a tus plegarias.

- Ya lo ha hecho.

- ¿De verdad?

- Sí. Porque le pedí con todas mis fuerzas que me sacara de allí; y hoy estoy aquí, con usted.

Capítulo 20
El interrogatorio

Sentadas en un destacamento de Santo Domingo, Atenea y yo jugábamos a las palmas.

- Roma Suárez Ramírez – dijo firmemente un guardia vestido de verde – Acompáñame.

Atenea se levantó y sujetó mi mano.

- No doña, sólo la niña. Usted no puede entrar.
- Pero es menor de edad, tiene que estar acompañada por un adulto…
- Doña, solo la niña, no se lo repito más.

Atenea cedió ante las autoridades y prometió que todo iba a salir bien.

- Roma, tienes que decir la verdad. Nada más. – dijo mientras me acariciaba el pelo.

Su mirada transmitía angustia y miedo. Miedo de que yo defendiera a mi padre nuevamente y lo eximiera de toda culpa.

- Tranquila viejita, dice papi que siempre he sido una niña muy lista.

Pasé con el guardia hasta llegar a una sala con una mesa y dos sillas en cada extremo de la misma.

- Siéntate aquí – indicó poco antes de irse y cerrar la puerta.

El cuarto estaba tan oscuro que no me percaté de que había dos hombres esperando mi llegada.
Sentado en una silla, se encontraba un oficial que lucía un uniforme cargado de medallas. No lo había visto nunca.
Pero el otro, el que estaba de pie con un elegante traje oscuro, lo reconocí al instante.

- Bendición abuelo – dije firme mirándolo directamente a los ojos, cosa que nunca antes había hecho durante las visitas a su casa algún que otro domingo.
- Dios te bendiga mi nieta hermosa. – contestó.

Era un general de alto rango jubilado, con muchísima influencia y grandes contactos.
Sabía por qué estaba allí, quería que cambiara la versión de los hechos.
Pero ya era demasiado tarde, Atenea me había contagiado con su

valentía y no existía ningún antídoto que curara esa enfermedad. Estaba dispuesta a hablar. Esta vez sí que lo haría.

-       Vamos a hacerte unas cuantas preguntas respecto a tu padre; respecto a mi hijo. ¿Sabes que el pobre está detenido porque le acusan de haber hecho cosas que no son ciertas? – dijo mi abuelo.

No contesté. Únicamente me dediqué a seguirlo de reojo.

-       De acuerdo, puede comenzar el interrogatorio. – ordenó.

El oficial no pudo sostener mi mirada. No por intimidación, sino porque debió de traerle algún mal recuerdo ver la cara desfigurada a golpes de una niña de 7 años de edad.

-       ¿Te ha pegado alguna vez tu padre?

Aunque la respuesta era obvia, respiré hondo antes de afirmar.

-       ¿Con qué frecuencia lo hacía?
-       Todos los días.
-       ¿Podrías decirme qué cosas te hacía?

¿En serio acababa de hacer esa pregunta? No podía dejar de mirarlo atónita, hasta que cínicamente le contesté:

- Atenea dice que una imagen vale más que mil palabras, y usted está viendo mi cara delante. ¿No le basta con eso? Porque yo no quiero entrar en detalles.
- Para comenzar niña, esas no son formas de contestar a tus mayores. Y, para terminar, te guste o no, vas tener que entrar en detalles.

El asco que reflejaba mi rostro era evidente. Acerqué las manos entrelazadas a la mesa, imitando la posición del oficial.
Estaba claramente coaccionado por mi abuelo, y supe que ni siquiera él, iba a aguantar escuchar los detalles que tanto deseaban escuchar.

- Pues verá... Depende. Había veces que me ahogaba en el tanque de agua sucia que hay en la entrada. Otras veces, me pegaba con palos, aunque su instrumento preferido siempre fue la correa. También me obligaba a estar de rodillas durante horas, me daba puñetazos... Y cuando...
- Basta. – Dijo el oficial.
- Cuando quería que me picara o doliera el doble...
- He dicho que ya es suficiente, no hace falta que sigas.
- Me mojaba con agua fría y con la correa com...
- ¡Que pares! – Gritó.

Estaba pensativo.

-     ¿Qué hiciste para que te pegara tan fuerte?
-     No hice nada. Sólo tener hambre.

Dejó escapar un suspiro antes de hacer la penúltima pregunta.

-     ¿Quieres que tu padre vaya a la cárcel?

No dudé en contestarle.

-     ¡No! Es mi padre y lo quiero.
-     ¿Quieres ir a verlo ahora?
-     ¿Está aquí? - dije asustada. Sabía que toda esta situación habría sacado lo peor de ti.

Mi abuelo y el agente de las mil medallas me acompañaron hasta la celda que se encontraba papá.
Cuando me vio se puso súper contento e intentó abrazarme a través de las rejas.

-     ¡Mi niña hermosa! ¿Cómo estás? Pero... ¿Quién te ha hecho eso en la cara? – dijo examinándome el rostro. - Meto la mano en el fuego que esos golpes te los ha dado Atenea para hacerme parecer culpable...

Lo miré incrédula sin saber qué responder. ¿De verdad no se acordaba que noches antes fue él quien se encargó de esta manera? ¿De verdad pretendía hacer creer a los policías que Atenea me había pegado?

- Bendición papi.
- Dios te bendiga.
- Dime Roma, ¿has declarado a mi favor?

Entrelacé la lengua antes de decirle.

- He dicho la verdad, como me dijo Atenea que hiciera.

De repente su alegría desapareció tan súbitamente como había llegado.

- ¿Qué te he dicho sobre esa bruja? Es una mala persona y me odia. Nos odia.
- A mí no me odia. Me trata muy bien.

De no ser por las personas que habían delante, me habría soltado una bofetada. Respiró profundamente intentando contener su evidente ira.

- Cambiando de tema, ¿has visto a tu madre?
- No.
- ¿Y has oído algo de que vendrá?

- No.

- ¿Pero has estado atenta?

- Sí. – mentí.

Su actitud cambió nuevamente.

- Roma tú no quieres que metan preso a tu papi, ¿verdad?

- No.

- Entonces tienes que salvarme.... Acuérdate de lo mucho que hemos vivido juntos.

¡Y vaya si me acordaba! Lo triste es que me acordaría toda una vida.

- Tienes que ayudar a papá. Escúchame bien: tu mamá vendrá a por ti, estoy al 100% seguro. La conozco muy bien, no abandonaría a sus hijos.

- Pero usted me dijo que me abandonó...

- ¡Presta atención a lo importante! Ella... Ella vendrá a buscarte, y cuando lo haga tienes que poner en marcha el plan del aeropuerto. ¿Te acuerdas del plan del aeropuerto? ¿El que hicimos recortes de aviones y hablamos de los hombres clave?

- Sí me acuerdo.

- ¿Y te acuerdas de lo que tienes que hacer?

Lo sabía perfectamente: gritar que me estaban secuestrando.

Asentí.

- Haz que papá se sienta orgulloso.

Asentí.

- Ya se ha acabado el tiempo de visita querida. – dijo el abuelo antes de añadir – Recuerda, tienes que hacernos sentir orgullosos a todos.

Papá solo duraría tres días preso después de aquel interrogatorio, gracias a las influencias del abuelo.
Pagó en tres días lo que debería de haber pagado en años.

Pero así funcionaban las cosas en la República Dominicana y lamentablemente, 20 años después, aún siguen funcionando.
El perdón es comprado por dinero o por favores.
Las grandes penas son omitidas o reducidas a cantidades que harían reír a cualquiera que tenga más de dos dedos de frente.
Los grandes delincuentes son los dirigentes del país y lo único que hace el pueblo dominicano, es mirar para los lados.
¿Por qué? Por lo mismo de siempre: miedo.
Porque las clases altas de la sociedad tienen atemorizadas a las clases más humildes.
Porque es mucho más sencillo hacer la vista gorda, que luchar por nuestros derechos como seres humanos.

Los Padres de la Patria dominicana y los emblemáticos luchadores, como lo eran las hermanas Mirabal, se sentirían muy decepcionados al ver que nuestra Quisquella la Bella se ha convertido en un auténtico circo político lleno de desigualdades.

Un país donde los niños pequeños son castigados con "pelas" que están normalizadas en su crianza diaria. Pero esas pelas, son en toda regla: maltrato infantil.

Capítulo 21
La Sala de color blanco

Tendida en la camilla de una sala totalmente blanca llena de aparatos médicos podía observar a mis dos abuelas nerviosas. Una a cada lado.

A mi derecha estaba Atenea, que personificaba la bondad y todo lo bueno que tiene la vida.

A mi izquierda se hallaba Hibris, ella representaba... Bueno, creo que era la maestra que le daba clases particulares al mismísimo demonio.

- Tú tranquila Roma, el doctor acabará pronto. Sólo verá que todo esté como debe de estar. – me dijo Atenea.

Aunque sus palabras intentaban calmarme, yo estaba más nerviosa que ellas. Nunca antes ningún médico había tenido que examinar mis partes íntimas.

Por más que Atenea horas antes hubiera tratado de hacerme entender que era una rutina normal en los casos como el mío, no me dijo con certeza el por qué tenían que revisarme ahí abajo.

- Pero no quiero que me revisen... - reclamé.
- ¡Seguro no quieres que te revisen porque algo hiciste con algún amiguito tuyo! ¡Seguro con uno de los haitianos que se ha mudado en la esquina de la casa de Seth! ¡Confiesa!

¡Por tu culpa mi hijo está en la cárcel! Así que no empeores la situación... ¡Confiesa si te has dejado tocar de algún muchacho!

- ¡Basta! – le gritó Atenea a la bruja arpía de Hibris. - ¡Es una niña y no voy a permitir que le hables de esa manera! El hecho de que tú te hayas dedicado toda una vida a ser un *cuero* no quiere decir que todas las mujeres seamos iguales. ¡Así que me la respetas coño!

Fue la primera vez que la escuché decir "coño" y no pude reírme más. No había visto a nadie plantar cara a Hibris, y ella lo había hecho con tanto arte y sin ningún miedo que no podía dejar de admirarla.

Lo hice toda la vida.

Una mujer que puede sobrevivir al abandono del hombre que amaba, padre de sus 6 hijos y seguir adelante sola, merece todo el respeto y la admiración del mundo. Y quien no sepa ver la valía de una mujer de tal calibre, es un auténtico imbécil.

En medio de un éxtasis en parte causado por el miedo, entró el doctor explicándonos el procedimiento que seguiríamos.

Yo no quería abrir las piernas. Estaba aterrada de miedo.

- Doctor, - me atreví a preguntar asustada - ¿Y si las cosas no están como tienen que estar?

- No te preocupes Roma, todo estará como tiene que estar. Confía.

Sus palabras me tranquilizaron y cedí a la revisión sin dejar de
mirar a Atenea.

- Doctor tengo que decirle algo… - interrumpió Hibris –
Me dijo mi hijo, el padre de esta criatura, que él vio a Roma
jugando con unos haitianos que se mudaron a la esquina de
su casa de una forma extraña. Ya me entiende usted, a papá y
mamá.
- ¡Eso es mentira bruja asquerosa! – Le grité - ¡Eres
una mentirosa!

Atenea intentó disipar mi reacción agresiva de querer desfigurarle la
cara por difamadora y arpía.
El médico por su parte miraba anonadado e incrédulo a Hibris,
intentando digerir lo que esta le había dicho.
El análisis continuó.
Hasta que por fin el médico habló:

- Está todo correcto. – concluyó el especialista - La niña
es virgen y no hay ningún síntoma de que haya sido tocada. –
luego se dirigió a mí y me susurró - ¿Ves? Todo está
como tiene que estar.

Sonreí.
Mientras Atenea me ayudaba a vestir, discutía con Hibris sobre
temas del pasado. Sólo recuerdo que la conversación terminó
Atenea diciendo:

- Tienes que darle las gracias a Dios que ese desgraciado que tienes como hijo no haya tocado nunca a Roma. ¡Gracias tienes que dar! Y pedir perdón por tu alma... ¡Si es que tiene salvación! Porque afirmar como si fuera verdad, que tu nieta de 7 años ha tenido relaciones sexuales con un "amiguito" para cubrir una posible violación.... ¡Mentir ante las autoridades! ¡Ante el Altísimo! ¿Eso? ¡Eso no tiene perdón ante los ojos de Dios! El deber de una madre es corregir a su hijo para que sea una mejor persona, no tapar sus errores.

Capítulo 22
Los caballitos de la feria

- Roma – me susurró Atenea al oído - Ponte los zapatos que nos vamos a ir a montar a los caballitos de la feria del malecón.

Dejé en el suelo las muñecas mariapalitos que mi hermana mayor había olvidado llevarse a España, mis únicos juguetes desde que llegué a su casa.

Me puse de pie despacio. Como si el suelo estuviera lleno de alacranes.

Miré fijamente el bulto que Atenea cargaba con su mano izquierda. Uno más grande que el habitual.

- ¡Date rápido Roma! ¡Que Cuqui nos está esperando abajo en el motor para llevarte a los caballitos!
- ¿Qué Cuqui nos está esperando en su motor para ir a los caballitos?
- Sí.
- ¿Por qué me miente? ¡Es usted una mentirosa!

La ira empezó a apoderarse de mi ser. Recordé las palabras de mi padre *"haz que me sienta orgulloso."*

- ¡Mentirosa! ¡Mentirosa! ¿Por qué me miente?

- ¿Por qué dices que te miento?

- ¡Porque no soy idiota!

- Yo nunca he creído que seas idiota mi pequeña...

- Entonces, ¿por qué me miente?

- Pero no te estoy mintiendo. ¡Nos vamos a un sitio hermoso en el que los caballitos giran y giran!

- ¿Cómo va a llevarme a los caballitos si no tiene dinero? ¿Si es usted pobre? ¿Y ese bulto? ¿Tiene mis cosas ahí dentro? ¿Y con Cuqui? Juraría que esa sabandija asquerosa ni si quiera sabe lo que son los caballitos de una feria.

Cuqui era un vecino que le hacía los recados a Atenea a cambio de comida, el cual juraba ser más pobre que cualquier persona que conozco.

- Roma, no hables así de las personas... Eso no está bien.

- ¡Tampoco está bien que me hablen mentiras! Seguro va a llevarme con mi madre...

Mi actitud nerviosa no desconcentró a Atenea de su propósito. Entonces dejó caer el bulto y se acercó con confianza. La energía que emanaba aquel día era más potente que la de costumbre, y eso era mucho decir. Agachó su cuerpo hasta quedar a mi altura y entrelazó sus manos con las mías.

- Roma, ¿Cuándo te he mentido?

Miré hacia los lados intentando recordar alguna ocasión, pero no encontré ninguna escena guardada en mi memoria.

- Nunca. – respondí entre dientes.

Suspiró profundamente antes de proseguir.

- Entonces, hija mía, confía en mí... Sé que te cuesta por todo lo que has pasado, pero necesito que confíes en mí.

Sus palabras lograron que me pusiera los zapatos e ir hasta el motor de Cuqui, dónde él nos esperaba para ir a los caballitos.

- ¿Lista para ir a la feria? – me dijo el flaco y harapiento muchacho.

Si las miradas mataran, la mía habría fulminado a ese chico en aquél preciso instante.
Nos montamos en el motor los tres: él manejaba, yo iba en el medio y Atenea detrás cogiéndome de la cintura.
Fuimos desde Buenos Aires de Herrera hasta Lomina subidos en aquel trasto que hacía más ruido que otra cosa.
Ese no era el camino hacia los caballitos del malecón. Eso lo sabía muy bien.
Llegamos a una casa de dos plantas donde Atenea dijo que tenía que parar a saludar a una amiga.

Cuando subí las escaleras hacia el piso de arriba y pasé el umbral,
me encontré con la última persona que esperaba ver: mi madre.
Giré bruscamente el diminuto cuerpo hacia mi abuela plagada de un
sentimiento de traición.

-       ¡Me engañaste!

Atenea se reía a carcajadas. Nunca la había visto tan feliz.

-       Y volvería hacerlo si fuera necesario.

Una amiga de mamá, la dueña de aquel apartamento, se arrodilló
cariñosamente para saludarme. Pero mi respuesta a aquél amable
gesto fue una bofetada en la cara de la señora.
Mi agresividad iba en aumento.
Volví la cabeza hacia mamá: la que a mi parecer había permitido
todo el sufrimiento que me rodeaba, la que me había abandonado
porque no me quería.

-       ¿Ha venido a llevarme usted? – pregunté llena de
    furia y determinación.

Se acercó con miedo, como si yo tuviera la rabia.
Sus ojos se aguaron y no pudo sostenerme la mirada. Yo también
bajé la mía.
Sabía que observaba los golpes de mi cara, como todo el mundo: la
hebilla de la correa de papá que se resistía a desaparecer.

Cuando por fin dijo:

- 	Sí Roma, he venido a llevarte conmigo.

Capítulo 23
El aeropuerto

Miré alrededor y supe desde el principio dónde estábamos: en un aeropuerto. Papi ya había hablado de este lugar y sobre lo que tenía que hacer cuando estuviera en él.

Mami sostenía mi mano izquierda y Atenea la derecha.
Me detuve a observar las manos de mamá. Sí que se parecían a las mías, la única diferencia era el color de piel y las múltiples pecas que yo tenía.
No pude evitar recordar los juegos de *elegir un dedo*. Nunca más quería volver a jugar a algo tan doloroso.
Le toqué el anillo que llevaba en el dedo anular decorado con un lazo con pequeñas piedras brillantes. Ya me había percatado de la joya el día anterior, cuando intentó bañarme y salió corriendo llorando al ver las marcas que moraban en cuerpo.

Entonces mami irrumpió mis pensamientos al recriminar:

-       No te toques mucho la cara Roma. Recuerda que tienes el maquillaje que te puse esta mañana para tapar esos golpes.

No me había percatado de que me estaba rascando fuerte el ojo del correazo.

Eso hizo que las palabras de papá vinieran a mi mente: *"Eres una niña muy inteligente Roma y sabes lo que tienes que hacer."*

Suspiré profundamente e interrumpí la conversación de las dos mujeres al preguntar:

- ¿Esto es un aeropuerto?

Gea y Atenea se miraron extrañadas. Como si no esperaran esa pregunta.

- Sí Roma, esto es un aeropuerto. – Contestó dulcemente Atenea. – Aquí cogerán un avión tú y tu mamá y serán felices junto con tus hermanos. Irás a un lugar donde no te van a maltratar nunca más mi niña, te lo prometo.
- Es que… Si esto es un aeropuerto tengo que gritar. – Dije mientras miraba los zapatos nuevos que me había traído mamá de Barcelona.

Se respiraba tensión.
Miré directamente a Atenea a los ojos antes de decirle.

- Me dijo papi que, si estaba en un sitio como éste, gritara que me están secuestrando. Que Gea no era mi madre. Que las autoridades me creerán porque no me parezco a ella.

Desvié la mirada hacia mamá para añadir tristemente:

- Dijo me vas a vender a otras personas.
- ¿Qué? – Dijeron las dos a la vez.

Pude ver el miedo en el rostro de mami, que con los ojos vidriosos pudo responderme:

- Roma, sé que tenemos mucho trabajo por delante. Que tu papá te ha hablado muchas mentiras sobre mí y sé que piensas que te he abandonado. Pero necesito que confíes en mí solo una vez. Soy tu mamá mi reina. Yo jamás he pensado en dejarte. Jamás abandonaría a ninguno de mis hijos. Sé que ahora mismo no me crees, pero lo que digo es cierto. No se me pasaría por la cabeza venderte ni dejarte con nadie que no conozca.

Atenea tomó el mando de la conversación:

- Mira Roma, no voy a tratar de convencerte de no gritar. Sólo te voy a preguntar, ¿quieres volver a vivir con tu papá como lo has hecho hasta ahora? ¿o prefieres irte a ver qué tal te va con tu mamá? Peor de lo que estabas no vas a estar, así que tú eres la que va a tomar la decisión. Piénsatelo bien. Es hora de demostrar si de verdad eres tan inteligente.

No dije nada.

Mamá no pudo entregar el pasaporte en las manos de los hombres clave, porque las suyas le temblaban con miedo a la reacción que yo pudiere tener.

Pero no grité.

Siendo totalmente honesta, jamás pensé en hacerlo.

Quería huir de aquel infierno al que llamaba vida.

Al día siguiente de llegar a Barcelona, Atenea llamó a mami explicándole que Seth había salido de la cárcel y me había puesto un impedimento de salida del país.

Pero era demasiado tarde, mis pies ya pisaban el viejo continente.

Nunca más volví a ver a mi padre.

Capítulo 24
Queridos mamás y papás

Hay veces que pienso que la gran mayoría de padres no tienen ni idea de la gran responsabilidad que es tener un hijo.

De lo que le enseñan durante su crianza.

Están construyendo personas que en un futuro tendrán que interactuar con otros seres humanos en una sociedad que la gran mayoría de veces es injusta, racista y clasista.

Son los primeros encargados de darnos una educación, en proporcionarnos o no la seguridad en nosotros mismos. Es decir, nuestro gran escudo protector.

Ellos: primeros pintores de un lienzo en blanco.

Más tarde, el sistema, nuestra capacidad de libre albedrío y parte de la naturaleza de nuestro ser, se encargarán de retocar, perfeccionar o arruinar aquellos primeros bocetos dibujados por nuestros progenitores.

Por esta gran responsabilidad, quiero pedir que midan mucho sus palabras y hechos delante de sus hijos.

No estoy diciendo que Ustedes sean los causantes de "cómo te sale un hijo"; pero sí son una pieza clave en su crecimiento y desarrollo en su camino hacia la adultez.

Ustedes son la primera relación que tendrán en sus vidas y muy probablemente, la más importante.

Por ende, les invito a hacerse un autoanálisis y se pregunten:
¿quiero que mis hijos sean como soy yo? ¿Quiero que copien lo que
ven?
Porque se predica con el ejemplo, no con la opinión o con los
consejos que puedan darnos.

En mi caso, arrastré durante años los traumas causados por mi
padre.
Los problemas de confianza en los demás y en mi misma por culpa
de los malos tratos estuvieron latentes durante una gran parte de mi
vida.
Y para ser totalmente honesta, de vez en cuando, pasan a
saludarme. Afortunadamente sus visitas son fugaces.

Déjenme decirles que por desgracia los hechos negativos dejan más
huellas que los positivos.
Duré cuatro años viviendo un infiero diario de golpes físicos,
agresiones verbales y tortura mental. De pasar hambre y sin
entender lo que significaban palabras tan importantes como:
"empatía", "gracias" y "amor".

Sin embargo, a mi madre le costó más de 13 años sacar de mi ser
toda esa rabia, miedos, inseguridades y traumas infantiles los cuales
más de una vez me despertaron llorando en medio de la madrugada.
Citas con psicólogos y mucha paciencia. Muchísima.
Y gracias a Dios, sané y cerré un ciclo extremadamente duro.
Aunque prefiero afirmar que mami me curó con su amor.

Digo esto porque los hijos no merecemos acarrear los conflictos no resueltos que puedan tener Ustedes: papás y mamás.
No tenemos por qué pagar por sus errores o por lo que hayan vivido.
No merecemos ser maltratados por nadie, mucho menos por las personas que más deberían protegernos.

Porque nadie ha elegido por voluntad propia nacer.
Por ende, nosotros les tenemos que guardar respeto y agradecimiento por haber decidido traernos al mundo; y Ustedes, nos deben dar lo mejor.

Tratar de hacernos felices, o por lo menos, no darnos más problemas de lo que nos regalará la vida. Intentar facilitarnos las cosas.
Y si por causas del destino, tras tener hijos se dan cuenta de que no pueden, saben o quieren criarlos, mejor cedan su responsabilidad antes que sentenciarlos a una vida sin amor.

PARTE V
Carta a Seth de parte de Roma

"No puedes guiar el viento, pero puedes cambiar la dirección de tus velas."

-    (Proverbio chino)

Querido Seth,

Hace muchos años dejé de llamarte papá y para referirme a ti, empecé a hacerlo por tu nombre. Como habrás notado, también comencé a tutearte.
Psicológicamente hablando, creo que lo hice para que recordarte no me resultara tan doloroso.

Ha pasado poco más de una década desde que ya no estás con nosotros, aunque a veces tengo la sensación que nunca lo estuviste. Cuando pienso en ti, en nosotros y en todo lo que vivimos me resulta todo súper lejano; como si *aquello* fue la pesadilla de otra persona. Supongo que a eso se refería Einstein cuando hablaba de la relatividad del tiempo.

Se fue tu cuerpo, pero no tu espíritu. Además, dejaste huellas de tu paso por la Tierra, ya que mis hermanos y yo estamos hechos 50% de ti. Probablemente yo tenga unas décimas más de ese tanto por ciento, pero tranquilo, eso nunca me ha disgustado y sé que lo sabes.

¿Quieres saber algo más? Cuando llegué a Barcelona me llevaron a una psicóloga la cual no guardo su cara en mi memoria, pero sí la frase que le dijo a mami tras la última consulta: *"Roma quiere a su padre, pero lo quiere lejos de ella. Ella sabe lo que le conviene."*

Hoy me pregunto, ¿cómo una pequeña de 8 años puede saber qué le conviene y ahora, 20 años después le preocupe tanto el inevitable futuro? Lamentablemente sé la respuesta a esa cuestión: no recuerdo haber sido una niña jamás y estoy algo cansada de eso.

La afirmación de aquella doctora me llevó a recordar la primera vez que hablé contigo por teléfono después que mami me fuera a buscar. Con voz triste reclamaste: *"Me dejaste solo Roma. Dejaste que te llevaran y me dejaste solo, moriré sin ti"*.

¿Quieres saber qué hice después de que colgaras? Cogí la poca ropa que tenía y la puse dentro la mochila con rueditas que mami me había comprado hacía unos días. La dejé en la puerta de la entrada y pensaba escapar por la noche cuando todo el mundo durmiera, para regresar a tu lado. ¡Quizás no había perdido toda la inocencia! Porque a ver... ¿Cómo iba llegar desde Barcelona a Santo Domingo sin dinero y sin pasaporte?

Empecé a soñar con aquella llamada poco después de tu muerte. No podía evitar recriminarme que quizás si hubiese permanecido a tu lado, cambiarías, dejarías tus vicios y no te habrías suicidado lentamente con cada gota de alcohol que consumías. Hasta que el cáncer de hígado se adueñó de ti y decidió invadir el resto de tu cuerpo, sin darte un chance siquiera a luchar. Tardé años en darme cuenta de que me auto engañaba. Que nunca te haría cambiar, porque la voluntad de hacerlo reside en el mismo individuo, no en el prójimo.

Durante muchísimo tiempo ese fue mi mayor deseo: que redirigieras tu vida y recuperaras tu familia. Pero jamás sucedió.

¡En fin! La psicóloga dijo eso y un par de cosas más sobre un tal síndrome de Electra. Hoy quiero que sepas que esa afirmación no era cierta: yo sí te quería a mi lado.

Cada propósito de superación o meta alcanzada, anhelaba que fueras conocedor. Deseaba que formaras parte de mi vida, sin importar lo lejos que estuvieras. A lo largo de mi adolescencia, cada paso que daba era por y para ti; en busca de tu aprobación y de que te sintieras orgulloso de tu pequeña princesa.

Dice mami que cuando supe la noticia de tu muerte enloquecí. Que tiré a la basura toda mi ropa de color y que después del ataque de ira, de los lloros y de frustración, entré trance durante días.
Yo solo recuerdo ver su cabeza asentir cuando le pregunté: *"¿ya se fue Seth?"*.

Ahora que por fin me he animado a escribirte, ¿quieres saber qué fue lo mejor que hiciste en tu vida? No. Al contrario de lo que seguro piensas, no voy a hablar de tus innumerables títulos, el construir tú mismo una casa o sobre tu prodigioso cerebro.
La mejor decisión que tomaste en tu vida fue tener tus hijos con una mujer como mami, desde mi punto de vista, por supuesto.

Mamá nos curó de ti todos los días. Nos enseñó con hechos lo que es el amor en estado puro y lo que es la total ausencia del rencor.
Gracias a ella puedo plasmar estas letras sin derramar una sola lágrima o sin victimizarme.

¿Recuerdas que todas las semanas nos ponía a hablar contigo por teléfono?

Muchos le decían que tú no merecías eso por cómo nos trataste; pero ella no es como esos muchos. Siempre les contestaba: *"es el padre de mis hijos, y jamás le voy a quitar un derecho que le pertenece"*.

Mami es un ser tan puro que aún sigue sorprendiéndome. Le sobra la inocencia que a mí me falta.

Tengo que confesarte que desde que estoy con ella, me ha tratado distinto que a mis hermanos. Y la culpa no ha sido suya, si no mía. Soy la que más le ha cuestionado, la más contestona, con la que más ha discutido... Digamos que soy, la rebelde con causas de los cuatro hermanos. Indomable, como el Mar Caribe.

Mami ha tenido que luchar por mí y conmigo durante toda una vida.

Sin embargo, aunque parezca que lo que te estoy contando sea malo, déjame aclararte que no lo es.

Como he dicho, tengo causas para tener una personalidad tan fuerte y diferente a la de mis hermanos. Y las acabo de explicar en este libro.

Pero todo lo que soy y lo que he logrado, ha sido y será gracias a ella. Es la persona que más admiro en el mundo entero. Y no por lo que tiene, si no por todo lo que me ha enseñado con su ejemplo. La adoro por lo que es.

Después de dejarte, se convirtió en una mujer segura de sí misma y la más luchadora que conozco. O quizás ya era así antes que te cruzaras en su camino y simplemente volvió a ser la que había sido. Es increíble lo mucho que se ha sacrificado para que sus hijos se criaran sanos por dentro y por fuera. Estoy muy orgullosa de venir de dentro de ella. Todos nosotros lo estamos.

Apuesto que si te hubiese tocado una mujer así como madre, serías un ser completamente distinto.
Mami llegó tarde a tu vida. 27 años de traumas, malos tratos y complejos ya habían hecho mecha en ti. Su amor no logró curarte; ni siquiera nuestro amor pudo.

El otro día fui al cine a ver la película del Joker. Una obra de arte a nivel cinematográfico. ¡Qué gran actuación de Joaquín Phoenix! Y dirás, ¿a qué viene esto? Es que ese film fue lo que me inspiró para escribirte esta carta.

Como ya te dije numerosas veces antes de fallecer, te he pensado día tras día.
Cuando algún miembro de la familia hablaba mal de ti, salía a defenderte como si fuera cuestión de vida o muerte. Justificaba tus actos.
Tarde me di cuenta de que eso no estaba bien.
Te justificaba porque mi amor por ti era más grande que el que sentía por mí misma.

Pero después de esa película comencé a analizarte; a intentar comprenderte.

Porque a veces pasa eso, que la gente pierde la capacidad de empatizar.
Tendemos a juzgar el presente de alguien, sin saber que es el resultado de su pasado lo que le hace ser quién es.
Olvidamos que hay veces que no tenemos la facultad mental de elegir cómo actuar después de ciertos traumas y nos dejamos llevar por la ira y la desesperación.
El poco apoyo del sistema e incluso de nuestros seres queridos, también puede ser uno de los cum de la cuestión.
No quiero decir que el pasado justifica nuestros errores del presente, pero sí nos ayuda a entender *ciertos comportamientos*.

Creo ciegamente que cuando llega el entendimiento dejamos atrás el juzgar a las personas y pasamos únicamente a ponernos en su lugar.

El caso es que quiero que sepas que, por fin, 20 años más tarde, he logrado entenderte.
Y me gustaría que las personas que lean esta carta, trataran de hacerlo también.

Sé que a los 13 años ya habías sufrido muchísimo.
Que a esa corta edad habías tenido que ver cómo tu madre se convertía en la dueña de un burdel.
Que habías recibido palizas diarias con correas, palos y ramas por

parte de tu progenitora y hasta por parte de algunos de sus clientes. Nunca sabré si esos mismos se atrevieron a hacerte algo más y la verdad es que lo prefiero así.

No creo que la ignorancia de la felicidad, pero si te provoca una paz necesaria para vivir un poco más tranquilos con nuestra conciencia.

Sé que ella misma te mandó a vivir con tu abuela porque ya estabas empezando a sublevarte contra su dictadura.

Sé que te dolió más su abandono que sus golpes; lo sé porque lo he vivido en carne propia.

Sé que, aunque años más tarde ella intentara justificar sus acciones afirmando que lo hacía por ti, para que tuvieras un futuro mejor, tú sabías que mentía. Que lo hacía por mero egoísmo y avaricia.

Sé que también te frustraba ser el hijo que un general tuvo fuera del matrimonio. Ser el fruto de él con su amante no debió de ser de tu agrado jamás, sobretodo estando en una sociedad tan clasista como la dominicana.

Todos esos complejos desembocaron en un comportamiento machista y agresivo.

Sé que les pegabas a todas tus novias y que no tenías la capacidad de ponerte en el lugar de nadie. Que eras mujeriego y que no le dabas valor a ninguna fémina que se enamorara de ti.

Sé que eras egocéntrico y que a pesar de que tu coeficiente intelectual fuera mayor que el de la media, jamás fuiste lo suficiente inteligente como para salvaguardar a tu propia familia.

Sé que cuando volviste a vivir a casa de tu madre, le propinaste tal paliza que ella optó por echarte de su lado. Por eso te casaste con mami, no porque ya tuvieras 2 hijos con ella. Si no porque no te gustaba la idea de estar solo y no lastimar a nadie.

Porque tu seguridad dependía de eso: de cómo hacías sentir a los que éramos tus víctimas. Y no lo digo con rencor, te lo puedo jurar. Para sorpresa de todos, nunca he sentido nada negativo hacia ti, y créeme cuando digo que lo he intentado. Mami hizo un trabajo excelente.

Volviendo a la película del Joker, no podía evitar proyectarte en este personaje.

Fuiste un niño que no pidió vivir lo vivido. Me di cuenta de que la sociedad no te lo puso fácil, que tus seres queridos no eran tan queridos y que si no tienes a nadie que te ayude a salir de tus traumas o al menos luchar contra ellos, quizás termines volviéndote loco. O maltratador, que para mí son sinónimos.

Durante mucho tiempo no quería tener hijos por esa razón. He leído estudios que afirman que, si sufriste abusos siendo un niño, hay un alto porcentaje de ser un padre violento.

Por fortuna hay excepciones a la norma, y estoy al cien por cien segura de que cuando decida a dar a luz, perteneceré a ese porcentaje menor.

¿Qué cómo lo sé? ¡Tendrías que ver a Ares con sus tres hijos varones! Es el mejor padre que conozco. ¿Quieres saber otra cosa?

El del medio, es igualito a ti. Se parece aún más que nosotros.

Ahora debo decirte el motivo principal por el cual decidí escribirte: tienes que saber que mis hermanos y yo te perdonamos hace muchísimos años. Que no te guardamos ningún tipo de resentimiento.

También quiero confesar que he dejado de juzgarte. Que a día de hoy te entiendo, pero que no comparto, ni mucho menos justifico tu comportamiento.
Que por fin he dejado de preguntarme *"¿por qué yo?"* y pasé a afirmar *"el problema siempre fue tuyo."*

Para acabar, quiero darte las gracias. Sí, así como lo lees: gracias. Gracias porque a los 7 años ya había pasado por experiencias tan traumáticas que aprendí a minimizar los problemas de mi "adolescencia" y "adultez".
A simplificar la vida, por así decirlo.
Gracias porque de verdad aprendí muchísimo contigo. Me atrevería a decir que fuiste mi gran maestro.
Me enseñaste a no rendirme nunca. Porque con cada golpe que me dabas me levantaba con más fuerza, con más determinación e incluso con más vida.
Porque nunca perdí la fe en mí. Y nunca creí del todo tus mentiras, aunque fueran mi única verdad.
Aprendí a corta edad a ver quién era honesto y quién no.

Aprendí a leer miradas, gestos y a memorizar caminos enteros para saber siempre volver *a casa*. Las veces que he viajado sola me ha sido increíblemente útil esa habilidad.

Gracias por ser el hombre que más he amado en la vida y por ser también el que más daño me ha hecho.

A un padre no se elige, pero sí a una pareja, y con esta experiencia me enseñaste qué es lo que no quiero en un hombre. Lo que jamás permitiré que me hagan.

¡Oh! Lo olvidaba... Siento decirte que te he decepcionado en varias cosas, pero no me avergüenzo. Todo lo contrario.

Me gradué en la Universidad Autónoma de Barcelona, tal y como tú querías. No como ingeniera, sino como periodista.

Leo muchísimo y creo que heredé tus facultades intelectuales. Que puedo tener una conversación con cualquiera y de lo que sea. Que hablo varios idiomas y que he hecho todo aquello que tú considerabas importante. En ese sentido, te puedes seguir sintiendo orgulloso.

¿Pero sabes qué? No soy, ni seré lo que quisiste que fuera. No en el sentido elemental de todo lo que esa afirmación conlleva. Porque no cumpliré jamás lo que entendías tú que era ser una "buena mujer".

Porque creaste lo que en dominicano se diría *"el Diablo prendido en candela."* O lo que es lo mismo: sembraste los inicios de lo que soy y lo que mami se encargó de pulir y perfeccionar: diste vida a una mujer fuerte, segura de sí misma, libre, feminista y que jamás se creerá inferior o superior a un hombre. Siempre igual. Una mujer que no tiene miedo a decir lo que piensa. Que sabe lo que vale y, por ende, reclama lo que merece. Y no es otra cosa que respeto.

Todas y todos lo merecemos.

De verdad: gracias. Por todo. Por nada. Gracias por contribuir a la creación de lo que soy hoy. Porque no puedo sentirme más orgullosa de mí misma.
Espero que descanses en paz, y si renaces en otra vida, seas un niño feliz. Uno que tenga una gran madre. Una como la que nos tocó a mis hermanos y a mí.

Atte.: Roma

Postdata: El rosa ya no es mi color favorito, ahora es el rojo, igual que el de mamá.

PARTE VI
Entrevista a Gea

"Cuando te des cuenta de que lo que haces a otro te lo haces a ti mismo, habrás entendido la gran verdad."

-   Lao Tsé

Habíamos quedado prácticamente todos los días desde mayo del
2019, cuando comencé a escribir las primeras líneas de este libro.
Casi un año después, esta era la última cita que tendría con Gea para
terminar de cuadrar los últimos detalles. Para compartir ideas y ver
si lo que había escrito hasta el momento era lo suficientemente
detallista.
Quedé muy satisfecha al tener su aprobación en cada capítulo.

El día de esa quedada, le propuse introducir esta entrevista con el
fin de dar más información al lector y que sepa cómo es la Gea de
hoy.
Y allí me encontraba yo, en aquella cafetería de la zona alta de
Barcelona la cual había descubierto hacía muy poco. Esperando a
esa mujer que despertaba mi admiración y captaba toda mi atención
con cada palabra que salía de su boca, cada gesto, cada mirada...
Desprendía seguridad al andar, y sus ojos marrones oscuros
parecían leerte el pensamiento.

Gea acaba cumplir 52 años el pasado mes de enero, pero sigue sin
aparentar la edad que tiene. Su tez blanca apenas presenta arrugas y
cuando se ríe, asoman los hoyuelos esos de simpatía.
Transmite satisfacción, tranquilidad y confianza.

Una vez sentadas mientras tomábamos dos cafés con leche,
comenzamos con la entrevista.
Espero que les cautive.

-      Gea, primeramente, quiero que sepas contar tu historia y la de tu familia ha sido el mejor y mayor proyecto en el que me he envuelto. Te doy las gracias por compartir todo esto conmigo y con los lectores.

Un tierno abrazo fue su respuesta a mis alabanzas.

Empezaste a salir con Seth a los 17 años de edad, y ya te maltrataba desde novios. ¿Por qué decidiste permanecer a su lado?

A ver, yo tenía 17 años, pero mentalmente tendría unos 13. No tenía ni idea de nada. Era muy inocente.

Cuando Seth se cruzó en mi camino él tenía casi 27 años y ya había vivido toda una vida. Y, además, era de esas personas que había vivido muy rápido e intensamente.

Él me llevaba gabela en todos los aspectos: relaciones, estudios, en habilidad o en "tigueraje" como se dice en dominicano. Era un maestro de la manipulación. Te embaucaba con su labia...

Él fue mi primer amor, mi primer novio... Estaba enamorada hasta la médula y si a eso le sumas lo inexperta que era en todo, ahí tienes la respuesta a tu pregunta: amor y falta de experiencia fue lo que me hizo permanecer a su lado.

¿Cuándo fue la primera vez que te levantó la mano?

Honestamente, no lo recuerdo. Gracias a Dios.

¿Recuerdas algún "motivo" por el que te llegó a pegar durante el noviazgo?

Pues es triste, porque verás… No tenía motivos. Peleaba por cualquier cosa. Por ejemplo, si llevaba cierto estilo de ropa, o porque llegara tarde dos minutos; era extremadamente celoso. No sé, cosas así. Pero puedes creerme cuando te digo que no necesitaba motivos.

¿Cuál era su reacción después de las primeras veces que abusó físicamente de ti?

En su mirada solo se podía leer: "si me dejan te mato." Luego hacía ver que no había pasado nada, que no teníamos por qué dramatizar la situación.

¿Y la tuya?

Tenerle miedo. Desde el principio fue lo único que hice. De hecho, menos mal que nunca le planté cara, porque creo que de verdad me habría matado.

A todo esto, ¿qué opinaba tu familia sobre tu relación con Seth?

En excepción de mi madre, casi nadie se inmiscuía en mi relación. Antonio fue el hermano que más intentó cambiar mi realidad... Pero cuando veía las múltiples veces que volvía con él a pesar de sus consejos, terminó tirando la toalla.

¿Y tu padre?

¿Mi padre? Yo no veía a Pepe desde que era una niña. Volví a verlo cuando él decidió venir a vivir a Barcelona.
Abandonó a mi madre con seis hijos y no volteó la vista atrás.

Volviendo al tema de Seth, te fuiste de casa un total de 3 veces, ¿qué te motivaba a volver con él?

Pues no lo sé porque cada vez que volvía, me preguntaba: ¿qué estoy haciendo yo aquí? Era como si estuviera en un embrujo. Quizás la comodidad, una estabilidad económica... No sé. A día de hoy aún no sé la respuesta.
Por otro lado, Seth era de esos hombres que te insisten e insisten, hasta que consiguen lo que quieren. No paran.
Es una cualidad buena, pero no en este caso.
Mi pueblo quedaba a 4 horas de la capital, y en ese entonces más.
Pues ahí iba a dar. Hasta ahí llegaba para llevarme de regreso a su lado.
Era obsesivo. Enfermizo.

¿Qué dirías que fue lo peor que pudo hacerte a lo largo vuestra relación?

No terminaría hoy la entrevista. Toda la relación fue mala: de principio a fin.

¿Podrías describirnos un día "normal" a su lado?

Te contaré un día sin maltrato físico, porque de los más oscuros ya hemos hablado.
Pues yo era una especie de robot.
Cuando él llegaba a casa tenía que tener la comida hecha, la casa limpia, sus camisas planchadas, todo fregado... ¡Yo tenía que estar limpia también! Bañada, bien peinada... ¡Ah! Y los niños tenían que parecer de portada de revista.

Debió de ser duro... ¿Por qué no lo denunciaste nunca?

¿Y en Santo Domingo eso existe? ¿O existía en ese entonces? Mira si era inocente, que jamás vi un número o una información en la que se explicara que podía denunciar la violencia que vivía en casa. Además, a parte de mi madre, a las pocas personas que le contaba mi situación, no me daban esa respuesta. No me proponían siquiera esa opción. Estaba muy, muy desinformada.
Desgraciadamente, en República Dominicana no es como en España, que está todo tan bien estructurado en comparación.

Por otro lado, en los países como el nuestro, el marido parece ser dueño y señor de tu vida. Contamos con muy poca educación y limitados recursos. El patriarcado tiene una fuerza tan potente que a veces resulta utópico el querer alzar nuestros derechos fundamentales.

El tiempo que vivieron juntos, ¿maltrató a todos tus hijos o únicamente a Ares?

A nivel de maltrato físico, la tenía tomada únicamente con el niño. Pero a nivel de maltrato verbal, lo hacía con todos, excepto con Perséfone. Para él era como si ella no existiera.
Fomentó una rivalidad entre Ares y Roma innecesaria por su evidente "favoritismo" hacia la niña. Sembró un desprecio entre ellos que tardaría años en desaparecer.

¿Cuándo te diste cuenta que nunca iba a cambiar?

Inconscientemente lo sabía desde que éramos novios, pero el amor no me dejaba verlo con claridad. Luego mis hijos, el mudarnos juntos... Caí en una red.
Pero diría que perdí la fe después del nacimiento de Roma. Puse las pocas esperanzas que me quedaban en ella, pero ya sabes cómo acabó la historia.

¿En qué momento decidiste romper definitivamente con él?

Al ver que nuestras vidas corrían peligro.

Cuando Ares dijo la famosa frase: "cuando sea grande mataré a mi padre", el vaso de agua se derramó. La mentalidad de mi hijo comenzó a cambiar totalmente. Era el mayor y el que más se daba cuenta de lo que estábamos sufriendo. Lo iba a convertir en un hombre igual que su padre, en un asesino... Y eso no podía permitirlo.

¿Cómo describirías los años al lado de Seth?

Horrorosos, horrorosos y horrorosos.

¿Qué te enseñó toda esta traumática experiencia?

A no volver a entregarme a alguien de la forma que hice con él. Porque nunca llegué a implicarme tanto en una relación después de finalizar la nuestra.

Eso, y no permitirle a otro hombre que me levantara la mano. Una vez, el padre de mi última hija, intentó pegarme. ¿Sabes lo que le hice? Fui corriendo a sus herramientas y me enfrenté a él con una sierra. Jamás volvió a tratar de hacerlo.

A pesar de que muchas personas te aconsejaran que cortaras la comunicación total con Seth, tú acostumbraste a tus hijos a hablar con él por teléfono al menos un par de veces por semana. ¿Por qué?

Primeramente, eso era un derecho que tenía él como padre y yo no pensaba arrebatárselo. No soy como él.

En segundo lugar, creo que quizás si hubiésemos estado cerca el uno del otro, no hubiese tomado esa decisión. Es decir, a lo mejor me atrevía a ponerlos a hablar con él porque estaba lejos y sabía que no podía hacerles daño.

Además, yo de corazón deseaba que, en algún momento, se reencontrarse con sus hijos y que hicieran las paces. Pero cuando él no tuviera poder sobre ellos, cuando no pudiera manipularlos; por eso no volví a República Dominicana siendo ellos niños. Lamentablemente, murió antes de que volviera a verlos.

¿Cuál fue la reacción de Seth cuando supo que tuviste una niña de tu entonces pareja?

Fue la última vez que hablamos. Me preguntó cómo se llamaba la pequeña y cuando le contesté "Noemí", me respondió: "que nombre más feo."

Esa fue su única reacción.

Seth falleció hace bastantes años... ¿te afectó esa noticia?

Por supuesto que me afectó.

De hecho, fue la única vez que reviví aquellos malos años. Un día después de que me enterara de la noticia, mientras trabajaba, paré en seco para ponerme a llorar.

Recuerdo decir en voz alta: "hasta para irte me haces daño."

Hablaste con él poco antes de morir, ¿cuáles fueron las últimas palabras que cruzaron?

Cometí un gran error. Le pregunté si era verdad que se estaba muriendo; luego de hacerlo entendí que eso no se le dice a nadie, y mucho menos a un moribundo.

¿Y qué te contestó?

Que era mentira. Que él estaba bien. Se hacía el fuerte, no le gustaba parecer débil. Pero a la semana siguiente murió.

¿Te pidió perdón en algún instante?

Jamás. Yo siempre fui una victoria en su vida, un trofeo más.
Ni siquiera hizo el intento de querer hacerlo alguna vez. Nada de nada.

¿Le has preguntado alguna vez a Ares qué siente actualmente por su padre?

Sí, en dos ocasiones.
La primera vez fue hace años, cuando aún no se había convertido en padre. Su contestación fue: "Nada. No siento nada por él."

La segunda vez fue hace relativamente poco, y su respuesta había cambiado: "Ahora que soy papá, siento pena por el mío, porque jamás disfrutó de su familia."

¿Y a Perséfone?

Perséfone no guarda ningún recuerdo de él. Ni bueno ni malo. Es como si nunca hubiera existido.
Pero también le he preguntado y su respuesta fue: "Siento que nunca he tenido padre."

¿Y a Roma?

A Roma nunca se lo he preguntado, pero sé que lo ama incondicionalmente.

Hablando de ella, cuando por fin lograste traerla, ¿cómo fue su proceso de adaptación en el colegio y vida familiar?

Difícil, complicado, lento... Ninguna de las personas que nos rodeaba o que formaban parte del círculo familiar había tenido que pasar por todo lo que ella había pasado.
No la entendían y ella tampoco se daba a entender. Fue realmente duro.

¿Duró mucho tiempo yendo al psicólogo?

No mucho, unos 4 o 5 meses. Aunque cuando llegó a la adolescencia comprendí que debí de haberla llevado más tiempo.

¿Por qué? ¿Cómo fue el final de su niñez y el inicio de su adolescencia?

Se peleaba con todos y por todo.

En el colegio me llamaban semanalmente para recibir quejas de su comportamiento. Sus notas eran excelentes, ¿pero su actitud? ¡Horrible!

Una vez la expulsaron en primero de la ESO por pegarle a una compañera. Al entrar despacho del director, estaba la chica con la cara desfigurada a arañazos. Cuando le pregunté a Roma el por qué había hecho eso, me contestó: "la idiota esa se cagó en mi padre, así que tuve que darle su merecido."

Se peleaba muchísimo con Ares. Llegó un momento en que sus primas no querían que fueran a visitarlas, porque les quitaba los juguetes o les arañaba también. Se adueñaba de todo a su alrededor.

Faltaba el respeto a los adultos, no tenía educación y se creía que tenía derecho a todo y sobre todos.

La prepotencia y el egocentrismo incrustado por su padre fue lo que más me costó sacar de ella. Y no te creas que lo he logrado del todo, porque es inteligente y ella lo sabe, así que se dedica a dar sus respuestas rodeadas de sarcasmo que a veces te despiertan el instinto asesino. (Risas)

Actualmente, ¿cómo es tu relación con Roma?

Buena. Y ella también es una buena chica. Además, de un día para
otro, dejó de batallar contra el mundo, o contra sus demonios.
Su ira y frustración desaparecieron repentinamente.
Aunque su carácter fuerte nunca lo hizo. Te dice lo que piensa sin
filtro alguno. Me gusta llamarla mi torbellino.
Su personalidad es como un huracán propio de nuestro clima
caribeño. Todo lo que se propone lo cumple, es digna de
admiración. Igual que todos mis hijos. Son muchachos excelentes,
pero, ¿qué puedo decir yo? ¡Si soy su madre!

¿Crees que guarda algún tipo de rencor hacia ti?

Rotundamente no. Una mañana cuando aún era adolescente, me
dijo: "Mami, usted me ha demostrado con su diario
comportamiento y su amor incondicional todos estos años que
nunca me abandonó. Que usted nunca abandonaría a nadie."
Ese día, mi corazón entró en paz, porque esa herida por fin había
cerrado.

¿Qué opina sobre su padre? ¿Lo ha perdonado?

Opina muchas cosas. Roma es una persona compleja, entenderla no
es tarea fácil. Aunque irónicamente es más clara que el agua, directa
como nadie: dispara los misiles de frente. Creo que es una de las

cualidades que más me gustan de ella: que siempre sé por dónde me vendrán los tiros.

Creo que sigue pensando que es un ser incomprendido.

¿Y si lo ha perdonado? Diría que sí. Tiene muy buen corazón.

¿Cómo se lleva hoy en día con sus hermanos?

Con Perséfone siempre se ha llevado bien. Su hermana la entendía mucho y siempre ha sido muy dulce con ella.

Con el que peor se llevaba era con Ares, y de un tiempo para acá, resulta que son los que mejor se llevan.

A la pequeña Noe le tenía muchos celos cuando nació. No podía ni verla, pero con el tiempo creo que la quiere como si fuera su hija. Siempre la tiene pendiente en todo; de hecho, cuando se va de viaje, es a la que siempre le trae un obsequio. ¡Imagínate!

Como madre, ¿crees que tenga algún tipo de secuela?

Sí, pero positiva.

Es muy segura de sí misma y esa actitud de "no paro hasta que lo consigo" la sembró los años que estuvo sola con su padre. Ha sabido sacarle lo bueno a lo malo.

Respecto a tu madre, Atenea era una mujer formidable en todo el sentido de la palabra. Jamás te abandonó y estuvo dispuesta a esperar el tiempo que fuera necesario

hasta que reaccionaras tú sola... ¿A qué se debía su fortaleza?

A la fuerza interior que tiene toda madre cuando ve que su hijo está en peligro. En cierto modo ella sentía que mi bienestar era su responsabilidad. Entendía que era la única que podía ayudarme. ¡Y vaya si lo hizo!

Además, la historia de Atenea no fue precisamente sacada de un cuento Disney. Más bien, parece un invento de los hermanos Grimm. Sufrió muchísimo desde niña.

Su madre la abandonó junto a su hermano mellizo; se crio sola, con una tía que parecía una dictadora. La tenía como su esclava, totalmente sometida.

Sufrió muchos maltratos a su lado.

Después de una infancia traumática, y ya con 6 hijos al lado de mi padre, él, de un momento a otro, decidió abandonarla por otra mujer.

No hubo explicación. Un día cogió todas sus cosas y se fue sin mirar atrás.

Pero ella nunca se rindió, siguió adelante y luchó diariamente por nosotros. ¿Sabes la otra pregunta que me hiciste? ¿La de por qué ponía a hablar a mis hijos con su padre a pesar de todo? ¿Quieres saber qué hizo mi madre tras el abandono de papá?

Nos llevaba semanalmente andando al pueblo de al lado a que
fuéramos a verlo, porque era nuestro padre y no quería quitarle el
derecho que le pertenecía. ¿Te lo puedes creer?
Así era ella: nos guiaba hasta la nueva casa de papá donde vivía con
su nueva mujer y sus nuevos hijos para que no perdiéramos el
contacto y el amor hacia él.

Ni si quiera dejó de hacerlo cuando falleció nuestro hermano
pequeño Tomás. A los 7 años presentó problemas del corazón.
Resultó ser que mami suplicó a Pepe que fuera a visitarlo y que
pagara sus medicinas, su tratamiento. Pero él nunca lo hizo, y poco
después mi hermanito murió.

Mis dos hermanos mayores guardan muy mal recuerdo de aquella
etapa. No querían ni ver a nuestro padre. Pero Atenea los persuadió
diciéndoles que el odio es lo único que no te hace crecer y avanzar
en la vida. Que el amor y el perdón es la única vía hacia la paz.

A pesar de todo lo negativo que había pasado en su vida, no conocía
la palabra "rendirse".

Por capricho del destino, cuando pasaron cerca de 15 o 20 años,
Pepe volvió a tocar su puerta. Esta vez no en calidad de marido, si
no como hombre que no tenía siquiera donde dormir. ¿Y qué hizo
Atenea? Recibirlo sin rencor alguno.

Es tan tal, que cuando nuestro padre quiso venir a vivir a Barcelona, nosotros no pretendíamos aceptarlo. Pero ella volvió a convencernos con el mismo argumento.

Una persona que puede perdonar los malos actos del prójimo sin guardar rencor alguno, es un ángel personificado. A todo esto, se debe su gran fortaleza.

En una sociedad tan machista, esas cualidades que se deben apreciar.

En la República Dominicana siempre han existido mujeres como Atenea: luchadoras y llenas de determinación. Porque lamentablemente, en una sociedad como la nuestra, los hijos les duelen más a las madres que a los padres.

De hecho, tres de nuestras heroínas nacionales Las Hermanas Mirabal: Patria, Minerva y María Teresa fueron mujeres con personalidades muy fuertes.

Aprovecho que tocas el tema de Las Hermanas Mirabal, ya que las tres fueron asesinadas por el dictador Trujillo el día 25 de noviembre del 1960. Día que años más tarde, en honor a su memoria, se convirtió en "Día Internacional de la Eliminación de la Violencia contra la Mujer." Es alarmante lo mucho que crecen las cifras de

*las muertes de mujeres a manos de sus parejas o ex
parejas. ¿Por qué crees que se llega a este extremo?*

Hace poco, los ancianos que asisten al centro de día dónde trabajo
actualmente, me preguntaron lo mismo cuando les leía las cifras de
los últimos feminicidios.

Ellos hacían ímpetu en que antes no pasaban tanto estas cosas y en
cierta manera tienen razón; porque la mujer de hoy en día, no
aguanta tanto como la de esas épocas.

Ahora estamos más protegidas por la ley, al menos en Europa,
tenemos más autonomía, independencia, tenemos más derechos...
Somos más libres que antes. No dependemos de un hombre para
llegar a ser lo que somos.

¿Pero antiguamente? El mero hecho de discutir con tu marido era
una travesía. No debíamos ni podíamos plantarles cara. La mujer
tenía funciones muy "sencillas": tener hijos y estar en casa. Nada
más.

Me gustaría decirte que toda esa dictadura patriarcal quedó
enterrada en el pasado, pero lamentablemente no es así. En muchos
países millones de mujeres continúan viviendo esta situación.

*¿Propondrías algún tipo de solución? ¿Crees que se
podría evitar?*

Todo asesinato se puede evitar en cierto grado. No al 100%, pero si
en algún tanto por ciento menor.

En este caso es complicado... Porque estamos hablando de un "hombre" que evidentemente tiene problemas mentales, porque se cree superior a su pareja y como tal "tiene" que imponerse sobre ella.

En este dilema aconsejaría a la mujer lo siguiente, aunque parezca en cierto grado machista: jamás de los jamases, te enfrentes directamente a él.

Aunque creas que al plantarle cara eres más valiente o que quizás al hacerlo, recuperes parte del ego que has perdido a su lado... No es así.

Te pones en riesgo, te expones. Piensa que estás tratando con una "persona" que no es como tú; que no tiene tú mismo razonamiento. Que jamás vas a hacerlo entender que tú y él son iguales.

Cuando les plantas cara, ese ser se desestabiliza, y pierde el control. Evidentemente hay grados, y dependerá mucho del aguante de cada quién, pero cuando llegan a estos extremos suele ser por eso. No ven como natural que una mujer se rebele y diga "basta".

En mi caso, creo que, si le hubiera plantado cara a Seth en algún momento de nuestra relación, habría terminado matándome. Estoy segurísima de eso.

¿Recuerdas el caso Bretón? ¿El "hombre" que mató a sus propios hijos por "joder" a su mujer? ¡Existen personas así de verdad! Con esa inestabilidad mental.

Así que le aconsejaría que cuando tome la decisión de abandonarlo, lo haga a escondidas o cuando él no esté cerca.

Después, cuando ya estés lejos de su alcance, jamás te mantengas
sola, por lo menos hasta que la tormenta pase.

Si está en un país como España, que denuncie. Que utilice todos los
recursos legales que nos ampara… Si está en un país que no tiene
esta protección, mi consejo es que ponga tierra de por medio.
Muchísima tierra.

Tu valentía se basa en la superación de esa etapa y la supervivencia,
interioriza eso. Tú puedes. Sé que puedes.

*Hablando de superar etapas… Te veo realmente bien,
¿cómo has superado aquellos malos años?*

Creo que me curé el año antes de venir a vivir a Barcelona. Ya estaba
al 100% decidida de que no iba a volver con él.

Evidentemente ese año fue muy duro, porque como ya te he
explicado, siempre iba a buscarme. Era muy persistente. Pero ya
para ese entonces, no había muebles nuevos que valieran o flores
que me compraran. Porque ese era el método con el que intentaba
persuadirme: comprándome a través de una falsa estabilidad que
duraba menos de lo que canta un gallo.

*Si conocieras a una mujer que acaba de dar el paso de
abandonar a su pareja por maltrato físico y/o
psicológico, ¿qué le recomendarías hacer?*

Yo no puedo recomendarle nada. No puedo decirle, haz esto, haz aquello. Porque como he mencionado antes, esa decisión la tiene que tomar ella misma.

Lo que sí me atrevería a decirle, es lo que te he dicho antes. Que busque ayuda y que jamás de los jamases se enfrente directamente a él. Porque podría matarla.

Cuando decida huir, que no se pelee o se lo haga saber. Si no que aproveche cuando él no esté y con algún cómplice. Que no se quede nunca sola.

Repito, el problema de esta clase de "hombres" es que no conciben en su cabeza que la mujer se rebele, se subleve. Y cuando ésta lo hace, no entienden esta reacción como algo natural y por eso, terminan matándolas.

¿Qué le dirías a una mujer que está siendo maltratada?

Que se puede salir de ese agujero. Que, aunque crea que no, de verdad sí se puede. Pero si algo me enseñó toda esta experiencia, es que el mejor consejo te lo das tu misma. Así me lo hizo entender mi madre.

Hasta que tú misma tomes firmemente la decisión de abandonar a ese hombre, ningún consejo será útil.

¿Cuál sería tu más grande consejo para ellas?

Que se quieran. Que se miren en el espejo y se pregunten: ¿de verdad me merezco todo esto? Que evidentemente nadie merece el maltrato, no me malinterpretes.

Solo que se mire y empiece a quererse. Porque la falta de amor propio es lo que nos lleva a acabar en esa situación.

Imagina que una mujer que está sufriendo abusos a manos de su pareja empieza a leer este libro, ¿crees que estas líneas la motivarían a dar el paso de abandonar esa relación tóxica?

Por supuesto que sí. Cuando lees un libro y sabes que le ha pasado a alguien real, creo que te encariñas más con su historia, y sobre todo si lo estás viviendo en carne propia.

Para cerrar la entrevista, ¿qué te ha motivado a colaborar con la creación de este libro?

Me lo pidió Roma, y sabes que esta muchachita no sabe lo que es "no" por respuesta.

Al principio no me hacía gracia hacer pública mi vida. Bueno, o la parte más triste y oscura de mi vida.

Luego ella me explicó el por qué quería hacerlo: el intentar cambiar con nuestra historia las realidades de muchas mujeres y niños que están pasando por lo que pasamos nosotras. Y ese propósito me pareció hermoso.

Gea quiero decirte que es un gesto hermoso, el querer hacer público lo que fueron unos años tremendamente complicados en tu vida y la de tu familia, con la intención de ayudar a otras mujeres que a aún se encuentran en esas horribles condiciones.

En nombre de todas ellas te doy las gracias. De corazón, gracias por haberme dejado contar lo que muchas no se atreven tan si quiera a recordar.
Eres un ser increíble lleno de luz.

CAPÍTULO VII
La confesión: Un llamado a mis lectores

"Si enciendes una luz para alguien, también iluminará tu camino."

\- Buda

Igual que al final de una película los nombres de los actores son revelados, quiero confesarles que no elegí esta historia al azar.

Me llamo Milán Suero Redondo y soy la escritora del libro que están leyendo.
La gran mayoría de ustedes no habrán escuchado hablar de mí nunca, pero se equivocan; me conocen mucho más de lo que imaginan.
Llevan oyendo hablar de mí desde que empezaron a leer las primeras líneas de esta obra.

Me conocerán como *Roma*.
Esta es mi historia y la de mi familia:

Mi madre, Belén Redondo Mancebo, es la grandiosa e inigualable *Gea*. Bautizada con este nombre en honor a la Diosa del Universo y Madre Tierra, en la mitología griega.

Mi padre, Alcibíades Suero, es Seth. Bautizado con este nombre en honor al Dios del caos, la fuerza bruta y lo oscuro, en la mitología egipcia.

Mi hermano, Etienne Suero Redondo, es el intrépido, valiente y autor de la frase que titula este libro: Ares. Bautizado con este nombre en honor al Dios de la Guerra en la mitología griega. Personifica la valentía, líder de los rebeldes y de los hombres justos.

Mi hermana, Rosa Dilia Suero Redondo, es la hermosa e inocente pequeña Perséfone. Bautizada con este nombre en honor a la Diosa de la primavera y de la inocencia, en la mitología griega.

Mi abuela, Josefa Mancebo, mejor conocida como Lilita y a quién va dedicado este libro, es Atenea. Bautizada con este nombre en honor a la Diosa guerrera y de la sabiduría, en la mitología griega. Corresponde a Minerva en la cosmogonía romana, que además de representar la Diosa del Arte, también era protectora de Roma.

Y yo, Milán Suero Redondo, como ya he mencionado antes, soy Roma. En honor a la ciudad protegida por Minerva (Atenea). Además de querer seguir con la broma de tener el nombre de una ciudad italiana.

Elegí estos nombres porque cada uno de los miembros de la familia, transmiten algo de esas deidades. Es decir, personifican ciertos atributos y cualidades propias de los Dioses Primarios.

A lo largo de los años, he aprendido que las palabras que más poder tienen son las siguientes: "gracias", "perdón", "por favor" y "ayúdame".

Así que en este último capítulo quiero utilizarlas constantemente para despedirme de cada uno de ustedes.

En primer lugar, quiero darles las gracias por llegar hasta el final. Por leer esta narración que he querido contarles de la mejor forma que he podido.

Segundamente, pido por favor que la difundan, y no precisamente por hambre de fama o publicidad.
Verán... Les he contado las vivencias de una mujer y de una niña que fueron torturadas durante años. Les explico cómo un niño de apenas 6 años quería matar a su padre cuando fuera *"grande y fuerte"*. Les comento el sufrimiento que vivimos por culpa de los malos tratos de papá.

Pero esto no es lo elemental.
Lo importante es que estamos vivos. Que papá no logró matarnos a ninguno de nosotros.

Lo que acaban de leer, fue durante mucho tiempo un tabú en reuniones familiares y eventos públicos.
A ninguno de nosotros nos gustaba decir en voz alta que nuestro padre era uno de "esos hombres". Un maltratador.

Aprovecho para hacer otra confesión: la niña de la portada soy yo. Esa es una de las fotografías que mami guardaba como prueba de lo que papá me hacía, por si acaso le surgía la idea de pedir mi custodia. Imágenes muy fuertes y unos documentos médicos donde narran el estado en el que me dejó tras la última paliza, eran nuestras únicas evidencias de aquella etapa.

Me pido perdón a mí misma delante de todos por haber creído durante años que el haber sufrido malos tratos me hacía una persona débil. Mi pasado me avergonzaba y odiaba que la gente me mirara condescendientemente y con pena.

Sin embargo, tiempo más tarde, me doy cuenta de que resultaba ser todo lo contrario.
Que esas miradas no eran de pena, sino de admiración.
Que no era condescendencia, sino empatía.
Que no era débil por haber sido maltratada, sino fuerte por haber superado todos esos años con la frente en alto y conservando la vida.

Hoy, aquella historia que tanto nos hacía agachar la cabeza, he decido hacerla pública por una razón: tengo la fe de que nuestras vivencias pueden salvar a más de una familia. Porque soy consciente de que no todas corren la misma suerte.

A principios del año 2019 empecé a alarmarme con el notorio aumento de víctimas mortales a causa de la violencia de género y el maltrato infantil en el mundo.

Recuerdo haber dicho en voz alta un 31 de enero *"¿en serio han pasado 31 días desde que empezó el año y ya hay 7 mujeres asesinadas a mano de su pareja únicamente en España?."*

En México se ha registrado que mueren alrededor de 10 mujeres al día. Si suman esas cantidades al año son un total de 3.650 feminicidios en un solo país.

Según datos de la Organización Mundial de la Salud, 1 de cada 3 féminas ha sufrido violencia física y/o sexual.

No había entrado bien el mes de febrero, cuando se hizo viral un video en la República Dominicana, donde un "hombre" le estaba pegando fuertemente a su mujer por una supuesta infidelidad. ¿Quieren saber qué fue lo peor de estas imágenes? ¿Lo que más me molestó? Que había un grupo considerable de "personas", en su mayoría "mujeres", que aplaudían el comportamiento del "hombre" y se dedicaron a abuchear a la mujer con palabras como *"está bueno que le pase por puta"*, *"dale más duro para que sepa lo que es respetar a un hombre"* o *"es que hay mujeres que no sirven."*

Sentí pena y vergüenza por cada una de esas "personas". Corrijo: pena, asco, desconcierto y vergüenza.

Tras llevarme un auténtico fiasco, empecé a investigar sobre la situación actual del maltrato infantil.
Debo de confesar que lloré cuando leí por primera vez los datos recogidos por UNICEF, y que, al escribir esta frase, se me hace un nudo en la garganta.

Si la violencia de género es una plaga la cual no parece exterminarse nunca, el abuso infantil es una epidemia.

Según el Informe *"Una situación habitual: Violencia en las vidas de los niños y los adolescentes"*, publicado por UNICEF en el año 2017:

300 millones de niños entre 2 y 4 años de edad son habitualmente víctimas de algún tipo de disciplina violenta por parte de sus cuidadores. O lo que es lo mismo, 3 de cada 4.

250 millones son castigados por medios físicos. O lo que es lo mismo, 6 de cada 10.

Sólo hay 60 países en el mundo que han adoptado una legislación que prohíbe el castigo corporal contra los niños, es decir, hay más de 600 millones de niños menores de 5 años sin protección jurídica plena.

En todo el mundo, 176 millones de criaturas viven con una madre que es víctima de violencia de pareja. O lo que es lo mismo, 1 de cada 4.

Cuando leía estos datos no dejaba de imaginarme a millones de niños con la espalda amoratada, igual que la fotografía de la portada de este libro. Igual que yo.

Al final del documento informativo, proponen una serie de medidas las cuales ayudarían a una notoria disminución de estas horrendas y preocupantes estadísticas.

La última fue la que más me llamó la atención, ya que decía: *"es responsabilidad de todos."*

Y así lo creo.
Mi granito de arena es contar esta historia con final feliz.

Así que, por favor, pido otro granito de arena por parte de ustedes. Ruego en nombre de ellas y de los niños que acabaron muertos a manos de su agresor. De los que han sobrevivido. Y de los que aún luchan.
Por ellas te ruego, a ti lector: si tienes la ligera sospecha de que alguna mujer o niño está pasando por una situación parecida, por favor, háblale de la historia que acabas de leer.
Para que sepa que sí se puede salir de esta situación.

Que pida ayuda a sus familiares, a la policía, a sus amigos... a ti.
Te pido, por favor, no tengas miedo.
Sé valiente por ellos y háblales. Te aseguro que a veces lo único que necesitamos para ser libres es el empujón de la persona correcta y esta puedes ser tú.

Ayúdame. Ayúdanos.

Ojalá algunos de ustedes sean, para esas mujeres y niños que están
sufriendo, aquellos policías que rompieron las puertas de hierro de
mi casa una tarde del mes de agosto en mi ciudad natal, Santo
Domingo.

Ojalá algunos de ustedes sean la llave que abre la puerta del camino
a la libertad. El camino a la vida.

De corazón: gracias por leerme.

Atte.: Milán o Roma, como ustedes prefieran.

"La felicidad es una pobre vieja que te pasa comida a través de una verja. Porque te está dando todo lo que tiene, a cambio de verte bien y contenta."

- Lilita (Atenea)

9 798614 299217